ISBN: 9798772190944

10 de octubre de 2021.

Blanca Conrado

Cicatrices del alma desde el Corazón.

Historia de una Adolescente

Blanca Conrado

BIOGRAFÍA

Blanca Conrado, nació el 12 de febrero de 1972. Originaria de Santiago Casandejé, Municipio de Jocotitlán, Estado de México.

Realiza estudios en la Esc. Primaria Rural Federal “José María Morelos y Pavón”. Estudió la Secundaria en Atlacomulco, en la No. 26 “Isidro Fabela”, el nivel medio superior lo realiza en la Escuela Preparatoria Anexa a la Normal de Atlacomulco.

Los estudios de Licenciatura, los lleva a cabo con la especialidad en Tele-Educación en la Escuela Normal de Atlacomulco.

Estudió la maestría en Ciencias de la Educación en la Universidad del Valle de México, Campus San Ángel.

Ha realizado diversos diplomados y cursos en diferentes instituciones públicas y privadas, entre las que destacan el Tecnológico de Monterrey, Universidad Nacional Autónoma de México, Dirección General de Educación Indígena y Afluentes S.C. Escuela Normal de San Felipe del Progreso, Centro de maestros de Atlacomulco, Escuela Normal de Atlacomulco, Méx. Ha tenido una preparación y actualización constante en el ramo educativo y con diversidad de temáticas.

Ha prestado sus servicios como docente, en el servicio público del Estado de México desde 1993, en la modalidad de Telesecundaria, hasta la fecha.

No puedo dejar de dedicar esta novela llena de amor :

A mis amados hijos, y a mi marido a quienes debo mucho de lo que soy.

A los grandes amores de mi vida, a mi madre (+) desde donde se encuentra y, a mi padre, por ser y por estar conmigo desde sus posibilidades.

A mis hermanos, a mis sobrinos y, a mi madrina Nora, por ser mi fortaleza.

A mi familia, amigos, y en especial a mi Poeta José María Napoleón, por estar conmigo en todo momento a través de su bella música.

PRÓLOGO

Cicatrices del alma desde el corazón. Historia de una adolescente, es la vida de una chica de dieciséis años, que se sumergió en una depresión profunda que le llevó a marcar, no sólo sus brazos, por el *cutting*, sino su corazón y su alma, con cicatrices profundas causadas por la problemática familiar que rodea su existencia, mismas que le llevaron a una crisis emocional.

Cicatrices del alma desde el corazón. Historia de una adolescente, es una novela juvenil que entreteje realidad y fantasía, en donde como en toda familia, se viven sueños, ilusiones y alegrías, pero también existen tristezas, pérdidas familiares, enfermedades y, en el embrollo de las circunstancias que rodean la cotidianidad, el trabajo de sus progenitores, los deberes de la escuela, la problemática entre sus padres, todo impacta en Alison, la chica cuya historia se narra a lo largo de este libro, en el que serás parte del mismo, y si son padres de familia, podrán identificarse y evitar situaciones que lleven a su hijo o hija a vivir experiencias de *cutting*.

La autolesión o *cutting*, es un problema en el que muchos adolescentes caen para escapar de su realidad y se refugian en el dolor físico que se producen para olvidarse e intentar minimizar las ambigüedades de la vida familiar, y a través de gritos ahogados y lacerantes, con los que piden auxilio a los adultos, sin que éstos sean escuchados. Así en el silencio total, en el abandono, en la incomprensión, en la falta de comunicación, se lastiman el alma y el corazón además de las heridas físicas que se provocan.

El *cutting*, ocasiona en los adolescentes, gritos reprimidos, que nadie escucha, o que nadie visualiza en heridas de brazos y muñecas, en las piernas, u otras partes del cuerpo, ocultándolas a los ojos de los demás, y haciendo cómplices, de esto, a algún compañero o amiga de la escuela, en donde podrán incluso, compartir la misma forma de comportamiento para huir de sus penas; como en el caso de Alison, que recibió influencia de Yessica, una vez que ingresó a la preparatoria, siendo presa fácil de la autolesión, viviendo circunstancias que resultaron desagradables y completamente dolorosas, incluso le condujeron al peligro de muerte.

Como ella, muchos jóvenes encuentran millones de motivos para insertarse de manera equívoca en un mundo de dolor y sufrimiento, del que se les puede rescatar a través del crecimiento y ayuda familiar.

El *cutting* puede evitarse a través del amor, la confianza y la comunicación constantes entre padres e hijos, detectando los signos de alerta, para una actuación oportuna por parte de los adultos, a través de la prevención.

Si eres adolescente y te identificas con Alison, podrás evitar que tu vida tenga implicaciones profundas de las que te puedes arrepentir, sólo basta mirarte en el espejo de la joven, para no cometer los mismos errores y buscar las formas de ser resiliente ante los problemas que la vida te presenta.

Joven: tienes en tus manos la toma de decisiones asertiva, que te permita actuar de manera responsable y comprometida, ante el *cutting* y ante diversidad de problemas, ya que posees el poder de hacer la diferencia, para que tu vida sea plena, a pesar de las complicaciones que haya en tu hogar, con los amigos o con tu pareja.

Como adolescente o joven, eres el dueño de tu vida y quien toma la decisión de forma asertiva y de evitar errores que pueden resultar irreparables para ti y para tu familia.

Heridas del alma desde el corazón. Historia de una adolescente, es un libro en el que la autora, nos maneja como tema central, el *cutting*, que hace presencia en la vida de Alison, y en donde el sufrimiento y el dolor marcaron su existencia, pero la joven tuvo el valor de enfrentar su desconsuelo y salir adelante, como una chica que reconoció su gran error, y a partir de poner su vida en riesgo, reorienta su existencia, dando valor a lo que realmente vale la pena: La vida y el amor de su familia.

Una historia en la que disfrutarás con ella de sus momentos agradables, pero en donde también, la acompañarás en sus dolores, en las heridas de su alma y de su corazón.

Tienes en tus manos un libro inteligente, en el que además de disfrutar de la novela, podrás acceder a información que te permitirá acrecentar tus conocimientos alrededor de las situaciones que Alison, vive a lo largo de la novela.

De ahí que este libro, además de llevarte por el mundo de Alison en torno a las cicatrices de su vida, manifiestos en las lesiones de sus brazos, pero más fuertes aun las que se han marcado en su existencia, en su alma y su corazón de adolescente, podrás disfrutar de su música al tiempo que lees la novela, o bien, visitar páginas que te ofrecerán un menú de datos y experiencias maravillosas, al mismo tiempo que ampliarás tus conocimientos con información interesante, a través de los códigos QR.

Cicatrices del alma desde el corazón. Historia de una adolescente, es una novela con un mensaje de amor.

Cicatrices del alma desde el corazón. Historia de una adolescente, te impactará de principio a fin.

REDES DE CONTACTO CON LA AUTORA

Instagram: blanca_conrado

https://www.instagram.com/invites/contact/?i=dvwqdkdipg8n&utm_content=3c8jjwb

Twitter

https://twitter.com/BlancaConrado3?t=KKlpHtDEJ3qKqhy0Gafodw&s=09

Correo electrónico:

blancaconradoescritora537@gmail.com

Cicatrices del Alma

desde el Corazón.

Historia de una Adolescente

Blanca Conrado

CAPÍTULO 1

LOS EMBARAZOS DE MAMÁ

La chica se notaba cansada, y en la soledad de su habitación, en sus pensamientos dejaba aflorar emociones y sentimientos que laceraban su corazón pues había tenido un día muy complicado. Para esa hora de la madrugada, la chica pensaba:

_ Son las 3:00 de la mañana, no puedo conciliar el sueño, he estado pensando en muchas cosas que, hasta este momento, han causado en mí cierta melancolía, tristeza y dolor.

La chica mantenía sus pensamientos, estableciendo un monólogo en el que ella era la propia protagonista de su parlamento y al mismo tiempo, era su propio público.

_ Estoy aquí, leyendo un libro que tal vez conoces, se llama: Bajo la misma estrella, de John Green, del que puedo mencionar que me está gustando mucho, no te lo relataré ya que es importante que te cause curiosidad para que lo leas, sólo puedo decirte que la historia de los chicos es desgarradora por el cáncer que enfrentan.

La joven se mantenía leyendo, y en voz baja, como si temiera, que alguien la escuchara del otro lado de la habitación donde ella dormía, mencionó:

_ ¡Caracoles! No tengo sueño más bien, soltaré el libro y lo depositaré en el buró de mi recámara. Te diré que mi espacio personal es cómodo, en colores que me encantan, mi recámara tiene en las paredes tonalidades moradas y lilas, y los muebles son color chocolate.

¿Por qué mencioné el chocolate, si me encantaaaa?... apuesto que a los adolescentes como a mí, les gusta el chocolate.

Dijo en voz alta y esbozando una ligera sonrisa dejando ver sus blancos dientes y en su bello rostro se percibió cierto aire de felicidad.

La adolescente, seguía con su conversación interior, describiendo su propio espacio, lo que, al parecer, era frecuente que lo hiciera, ya que no se esforzaba por continuar hablando y pensando para sí misma, como si lo hiciera con su hermano o con alguna de sus amigas.

Su zona mantenía un aire puro, se percibía un aroma fantástico, a ella le agradaba el perfume, por lo que un olor juvenil y dulce se desprendía en ese lugar, en el que se sentía segura.

Era el único lugar en el mundo en el que podía disfrutar de su soledad, o de la compañía de su hermano, de su madre (cuando podía), o desde la llamada telefónica que ocasionalmente realizaba con alguna amiga. Era su lugar especial, su refugio en el que, en la intimidad de su alcoba, podía mostrarse a sí misma, tal como era, con sus miedos, con sus virtudes, con sus defectos… ese espacio en el que escudriñaba sus recuerdos y establecía diálogos consigo misma.

Para Alison, era extraordinario, estar ahí y le resultaba especialmente encantador. Sus ojos obscuros, se quedaron clavados en la lamparita aromática insertada en el apagador que estaba a un lado de su cama, y de donde se desprendía un delicado aroma a lavanda, que generaba en ella cierta satisfacción, mientras continuaba pensando:

_ ¿Quién puede resistirse a un chocolate? ¡Pero a esta hora de la madrugada, resulta algo inusual!

Dijo la joven, al tiempo que emitía un profundo suspiro.

_ Me siento bien en mi lugarcito, ¡soy feliz en él… pero, hoy, justamente hoy, iniciando el día 17 de noviembre de 2017, hago una remembranza de mi vida, y me impacta el hecho de recordar lo que me ha tocado vivir a lo largo de estos 16 años!

La joven se quedó sorprendida al reflexionar en torno a la fecha en la que se encontraba, por lo que dijo:

_ ¡Chispas! No me había percatado que hay una coincidencia en el día y el año aunque no en la cantidad de años de vida que tengo, pues acaba de pasar mi cumpleaños.

La chica había tenido días atrás, el 7 de noviembre, su cumpleaños número 16, mismo que había celebrado en familia, de manera sencilla. Realizaron para el festejo, una carne asada, con verduras y pastel de chocolate, su favorito, lo que disfrutó bastante.

Ese día, estuvo acompañada de sus padres: Anya y Gilberto, además de Albert, su hermano, ya que el resto de la familia se encontraba ocupada por sus actividades laborales, sus primos Erick, Joan, Eitan y Andrés estaban en las diferentes instituciones educativas estudiando, y en distintos lugares, además de que debían quedarse allá y eso había impedido que pudieran estar con ella, en ese día memorable. Era una costumbre familiar, festejar los onomásticos de todos, pero en esa ocasión no había sido posible hacerlo.

La chica abrió las cobijas de la cama, misma que olía a sábanas limpias, aromatizadas de su enjuague para ropa favorito, eso la hacía sentirse cómoda y hasta esos momentos, era algo que disfrutaba, nada mejor que descansar en un lugar limpio y cómodo.

_ Estas cobijas de borreguito que me regaló mamá, me encantan.

Dijo con alegría, al mismo tiempo que regresaba a sus pensamientos, en los que se abstraía del tiempo y del espacio.

La joven se puso su pijama azul de Stitch que le había regalado su padre por su cumpleaños e introduciéndose en la cama, cubrió su cuerpo con las cobijas y colocó su cabeza en la almohada.

De la aparente tranquilidad, pasó a un estado triste y de manera inmediata, con un nudo en la garganta, las lágrimas asomaron a sus grandes y hermosos ojos negros.

Las lágrimas resbalaron por sus mejillas, los sollozos se ahogaron en su pecho, sintiendo una gran opresión... ¡otra vez llorando!, esto ha estado pasando por varios días y noches.

El dolor que manifestaba la hermosa joven era muy fuerte, al grado de externarlo de esa forma tan afanosa, profunda y dolorosa.

Afuera, el aire se escuchaba y se intensificaba más; el sonido de las hojas de los árboles producía resonancias peculiares.

Si la joven tuviera miedo, se aterraría escuchando el ruido ensordecedor del aire que chocaba en los vidrios de su ventana, mientras que las ramas del árbol de durazno que estaba frente a su cuarto, también topaban con el tragaluz, lo que generaba un ruido aún más espeluznante. El frío de noviembre ya era muy helado.

Los ruidos del viento eran realmente tenebrosos, dignos de una película de terror, sin que hubiera necesidad de colocar efectos especiales y a cualquiera, hubiera causado un miedo espantoso. Mientras tanto, en la periferia, se lograba escuchar alguno que otro ruido de los pocos autos que circulaban a esa hora de la madrugada, y los ladridos de los perros de la casa de al lado, se oían inquietos.

Ella vivía cerca de la cabecera municipal, la población no era muy grande, pero contaba con todos los servicios para los lugareños.

Destacaban en ese espacio geográfico, las montañas con bosques de encinos, pinos, cedros, y oyameles, entre gran variedad de especies vegetales y animales, que daban al lugar su belleza y que hacía del territorio un área cómoda y tranquila para vivir, además de disfrutar de los sitios que el bosque les proveía y que hacían del lugar un área exquisita para relajarse y descansar, por lo que mucha gente aún de otros lugares, acudía para disfrutar de esas bellezas naturales.

La joven continuó con sus reflexiones:

_ Te preguntarás: ¿Por qué si digo ser feliz estoy llorando? La cosa no es tan sencilla, a mi corta edad, he vivido muchas situaciones que no puedes ni siquiera imaginar.

En algún momento, mamá me contó que cuando se embarazó de mí, ella no quería que yo naciera, pidió a Dios que no fuera cierto su embarazo, y no porque quisiera abortarme, sino porque ella tenía miedo de morir, aunque sé que, en los planes de Dios, nada es imposible.

La chica estaba consciente de la situación de salud que su madre atravesó cuando estuvo embarazada de su hermano, y recordarlo, le causaba aflicción.

_ ¡Sïïïïi como lo oyes!, ¡mamá no quería sufrir con otro embarazo!, ya que casi dos años antes de que yo naciera, estuvo entre la vida y la muerte, cuando nació Albert, mi hermano, pues le dio preeclampsia severa, un trastorno del embarazo en el que la presión arterial aumenta de forma considerable en la mujer embarazada.

Mamá dijo que algunos de los síntomas, de la mujer embarazada en situación de riesgo son: fatiga, dolor de cabeza, hinchazón de las extremidades y los ojos, por la retención de líquidos. Mamá me contó que también le zumbaban los oídos. ¡Pobre de mi mamita!

Mencionó la chica un tanto melancólica y con lágrimas que resbalaban una a una haciendo su recorrido por las sonrosadas mejillas.

_ Mamá tenía siete meses de embarazo de Albert, cuando mi princesa, también suelo decirle así a mamá, porque eso es para mí, mi reina, mi princesa, aunque uso más el término de princesa; se percató que no andaban bien las cosas en su salud, ya que en cierta ocasión, amaneció con los ojos inflamados, había empezado a retener líquidos. Se lo dijo a papá, y ambos acordaron en vigilar esos detalles por si volvían a presentarse en su rostro e ir al ginecólogo para recibir atención médica.

Obvio que volvió a ocurrir y un día después de que notaron esos pormenores, mamá despertó con los ojos hinchados además de ver lucecitas, nada normal la situación, pues ya eran signos de alarma, por lo que tomaron la decisión de irse al hospital materno infantil, para su revisión médica, situación que hizo, que una vez auscultada por la doctora de turno, fuera valorada y ya no se le permitiera salir del mismo.

A la madre de Alison la internaron de manera inmediata para hacer que el niño, naciera mediante cesárea y evitar complicaciones y riesgos en madre e hijo; de ahí que Albert haya nacido de siete meses, ya que los peligros de permanecer en el interior de la placenta eran muchos.

La joven continuó sumida en sus pensamientos, tratando de acomodar en su cerebro algunas ideas que recordaba en torno a lo poco que sabía sobre la preeclampsia, de acuerdo a lo que su madre le había dicho además de que ella, había leído un poco al respecto.

_ En las mujeres embarazadas los riesgos se incrementan a medida que pasa el tiempo, pues los riñones y el hígado dejan de funcionar normalmente y se genera una elevada producción de proteínas, lo que impacta de manera negativa en la salud del niño y de la madre. ¡Qué difícil es ser madre!

Dijo Alison emitiendo un profundo suspiro, al tiempo que continuaba dilucidando:

_ No entraré a mencionar términos médicos que no entenderíamos, ya que me llevaría a una investigación profunda del caso y en estos momentos, lo que menos quiero es hacer investigación.

La chica continuó con los pensamientos que afloraban uno a uno, en una regresión del tiempo y del espacio, como si fuera testigo ocular de los hechos en esos momentos.

_ Mamá y Albert estuvieron internados, él para aprender a regular su temperatura. Los médicos de pediatría y neonatología, lo mantuvieron en una incubadora por nueve días y durante este tiempo, estuvo en observación. Mamá, en terapia intensiva por cinco días, sin esperanzas de sobrevivir.

Mi princesa, estuvo muy grave; aunque hoy dice que no sentía nada, sólo taquicardias, y esto le provocaba un poco de tos, ella no tuvo conciencia de que su presión arterial subió demasiado. No lo quiero ni pensar, porque me causaría más llanto y hoy, no quiero recurrir a… lo que ha causado alivio a mis penas.

Dijo para sí misma tomándose el brazo y mirando fijamente lo que en él había, haciendo un ligero gesto de dolor, entrecerrando los ojos en un movimiento apenas perceptible, pero que denotaba fragilidad en la hermosa joven que mostraba una expresión pensativa, melancólica y al mismo tiempo doloroso.

_ Mamá platicó que, durante su estancia en terapia intensiva, sólo quería dormir, no tenía ganas de levantarse a caminar, no podía ir a bañarse, se sentía cansada, por lo que le tenían que realizar sus baños de esponja en la cama hospitalaria. No vislumbro lo que mamá debe haber sentido en esos momentos.

A la joven no le era difícil imaginar lo que un enfermo sufre estando en un hospital, con cualquier tipo de padecimiento, pues a ella le habían tocado vivir muy de cerca y desde pequeña, situaciones complejas en torno a la salud de sus seres queridos, y en este proceso; enfermo y familia, pasan por penas incomprensibles por quienes están sanos, o porque no es problema suyo. La chica dilucidaba en torno a esto y mencionó:

_ La gente no se detiene a pensar en la angustia de los demás, cada uno vive inmerso en sus propios problemas, en su trabajo, cada quien existe en su mundo, cubriendo sus propias necesidades, y es entendible.

A nadie se le puede obligar a hacer algo que no quiere, aunque hay gente maravillosa que ayuda a los demás, sin esperar nada a cambio, yo les llamo Ángeles. Son entregados, dan de su tiempo, ayudan al otro de manera material o espiritual. Amo a ese tipo de personas maravillosas, que dan todo a cambio de nada.

La chica continuaba sumida en sus ideas.

_ Sin duda alguna, muchas mujeres sufren bastante al tener a sus hijos, y con esto no quiero decir que el resto no padezca del dolor de una cesárea, sólo el hecho de pensar en el embarazo y en el trabajo de parto, es digno de respeto y admiración para quienes ya son madres o están en ese proceso, ojalá y yo tarde muchos años para pasar por esto. No quisiera vivirlo a temprana edad. ¿Yo qué haría con un bebé?... ¡Nooooo, ni imaginarlo!, no en mi adolescencia, no a temprana edad, ¡así no!

Dijo para sí misma la chica y prosiguió escudriñando en sus ideas, recuerdos, vivencias y todo aquello que le hacía sentirse cómoda o que le producían nostalgia y sentimientos encontrados.

_ Las mujeres somos la tierra donde se deposita la semilla que habrá de germinar y, una vez que los bebés ven la luz de este mundo, empiezan su crecimiento fuera del útero materno y con ello, la aventura de la vida.

Alison sabía que el ser mujer, había sido una bendición, amaba ser mujer, y desde pequeña, siempre había sido un tanto cuidadosa en su arreglo personal, su madre siempre le decía que se pusiera bonita y ella corría a su habitación a "ponerse bonita" con una diadema, un moño en el cabello, sus pequeñas gafas o lo que se le ocurriera, y estos objetos eran suficientes para ponerse linda y, en una niña en cuya edad, no hay problemas, ni preocupaciones, lo que haga para resaltar su belleza, siempre causará alegría, amor y gran ternura en los adultos.

_ A veces pienso que la mayoría de personas son insensibles al dolor de los demás, no les importa, o no tienen tiempo, o no se quieren involucrar, ¡no sé qué puede pasar por sus pensamientos... me está pasando... nadie me escucha, lo estoy viviendo en carne propia!

Asintió la joven, manifestando pesimismo. La chica se mostraba deprimida. En ese momento, vinieron a la mente, sus padres.

_ Mamá ocupada en sus cosas, papá se la pasa trabajado o durmiendo para descansar cuando le es posible.

La adolescente limpió unas lágrimas que seguían brotando de sus bellos ojos, al tiempo que seguía cavilando.

_ He visto que, en situaciones de padecimiento, el enfermito y familia, sólo tienen un refugio: Dios, en cualquiera de sus nombres o en cualquiera que sea la fe de las personas. Sólo Él es quien puede dar alivio, lo sé, pero ahora, hasta yo estoy alejada de Él, es como si no me escuchara cuando le hablo y entonces, quisiera recibir una respuesta, pero Dios ha permanecido sin darme una señal, Él se ha olvidado de mí. Le llamo, pero no atiende a mis súplicas. Por esta razón, creo que ¡Él me esconde su rostro!

Exclamó la joven.

Las lágrimas de Alison cada vez se hacían más intensas, mojaban su rostro, el llanto hacía que sus fosas nasales, también dejaran salir los fluidos que se mezclaban con las gruesas lágrimas que salían sin cesar, en suspiros ahogados, temiendo despertar a sus padres, y en ese llanto conmovedor, las lágrimas de cristal, de perlas o diamantes, desfilaban por sus mejillas, una tras otra, como si tuvieran urgencia por brotar de esos hermosos ojos que indicaban tristeza, y de existir los deseos de los cuentos de hadas y princesas, esas lágrimas, ya la habrían convertido en un ser millonario por la cantidad de lágrimas derramadas durante tanto tiempo.

Poco a poco, fue calmando sus sollozos y continuó recordando, mientras suspiraba profundamente.

_ Mamá comenta que cuando salió del hospital y pudo mirarse en un espejo, se espantó al verse, ya que estaba irreconocible. Su figura y su rostro cambiaron drásticamente, estaba sumamente inflamada, la retención de líquidos fue inmensa y por consiguiente, su presión arterial muy alta, no imagino la dimensión de su talla y su peso en esos momentos, ya que papá le compró ropa en una medida sumamente grande y aun así, le costó trabajo poder vestirse introduciendo sus pies y sus piernas en el pantalón de la pijama que papá le llevó cuando le dieron de alta en el hospital.

Con estos recuerdos, a la chica, se le hizo nuevamente un nudo en la garganta y sintió opresión en el pecho y continuó llorando amargamente, ella vinculaba el sufrimiento de su madre y lo que estaban viviendo en familia, de ahí, que le causara aflicción en su recorrido por el tiempo.

Después de un momento, un poco más tranquila, y respirando profundamente, continuó con sus reflexiones. Hizo una descripción de su madre, como si la estuviera presentando a un amigo.

_ Mamá es de piel clara, de cabello hasta la cintura, ondulado y de color castaño obscuro, se destaca su cabellera que siempre ha mantenido bien cuidada y cuyo aroma a chocolate o cítricos es delicioso, algunos de sus rizos, le caen en las mejillas de forma natural, es de cara un poco alargada, de ojos amielados, como los de mi abuelita, de ceja poblada y pestañas enormes que al rizarlas se le ven aún más grandes, no necesita de pestañas postizas, al ponerles la máscara, se le hacen enormes dándole un toque coqueto, haciendo de su hermosa mirada, algo penetrante e impactante, los ojos de mi madre son magníficos, dulces, transparentes, preciosos, si algo amo de ella, son sus ojos y su forma de ser.

Y continuó para sus adentros, mencionando la lindura de su progenitora.

_ Mi madre es muy bella, es delgada, y siempre cuida de andar bien arreglada y perfumada, sus líneas de perfumería son de una marca reconocida. ¡Siempre huele muy rico!, eso admiro de mamá, que constantemente anda muy bella a pesar de que esté muy ocupada en su trabajo, o que los problemas agobien su existencia.

La chica adoraba a su madre y se expresaba con regocijo y dulzura al hablar de ella.

_ Mamá es una mujer muy sensible, le gusta la poesía, la música de los grandes clásicos, la ópera y gran cantidad de artistas de la música, la literatura y la pintura, ¡adora el arte, y yo también! Ella no tuvo oportunidad de estudiar una licenciatura, sólo hizo el bachillerato.

Mencionó la joven, mientras continuaba recordando en expresión seria, con algunos suspiros. La bella joven, se acomodó en su cama, dándose la vuelta, y quedando boca arriba, al tiempo que sus pensamientos seguían fluyendo.

Las posibilidades económicas de la familia de su madre, fueron precarias y no tuvo forma de estudiar. El abuelo de Alison, tampoco era profesionista, pero fue muy trabajador, murió muy joven, cuando Anya, su madre, apenas tenía diez años de edad, el señor enfermó de manera grave y murió, así que su abuela tuvo que trabajar para sacar adelante a su familia, compuesta por Anya, y sus dos hermanas Ruth y Judith, quienes sí tuvieron la oportunidad de estudiar, apoyadas por Anya, quien tuvo que trabajar para ayudar a su madre en la manutención de sus hermanas, pues era la hija mayor.

La joven continuó pensando...

_ Sé que físicamente, me parezco mucho a mamá, pero no en cuanto a la forma de ser, creo que las experiencias que he tenido están forjando un carácter más fuerte en mí.

Mis gustos también son distintos y por obvias razones, puedo escuchar su música o acompañarla a un concierto de alguno de sus artistas favoritos, pero a mí me gustan melodías propias de mi generación, así, puedo oir música de banda, reggaetón, y muchos ritmos más.

La joven continuaba en sus reflexiones al tiempo que se mostraba más tranquila, y los hermosos ojos dejaban de llorar:

_ En México, nos agrada este tipo de música, pero también, escucho cantantes de moda, música mexicana, *rock*, e incluso *trap*, y *freestyle*, pop, entre muchos géneros musicales más, creo que soy una adolescente normal, por así decirlo, a veces, con papá suelo escuchar al Tri, a Pink Floyd y a muchos otros.

En estos recuerdos, la joven hizo mención de los artistas que solía escuchar y que hacían de sus momentos de trabajo, algo más agradable, o incluso, después de realizar las tareas escolares, o de ayudar en la limpieza de su hogar, colocaba su música a volumen alto, lo que a veces, solía molestar a Albert, quien era más reservado para oír a sus artistas favoritos y prefería hacerlo para sí mismo en su habitación, acompañado de Alexa, regalo de su padre en el cumpleaños del joven, quien ya tenía 18 años.

La chica reconocía que se parecía a su madre y eso, le agradaba hasta cierto punto.

_ Físicamente, soy morena clara (saqué el color de papá), delgadita, mido 1.70 metros. Ligeramente más alta que mamá, mis ojos negros y en forma de almendra destacan en mi rostro, y lo hacen lucir como el de la princesa Jazmín de la película de Aladin, bueno, eso me dijo recientemente la estilista, cuando me fui a arreglar el cabello, para la boda de un primo de papá. Mi cabello largo y negro como el ébano hace de mí, una persona única y especial, bueno, ¡claro!, todos somos seres únicos y especiales, irrepetibles, con defectos y virtudes, ¿no lo crees?

Sé que lo soy, así lo siento... así me considero, soy especial, pero...

La chica, un poco más calmada y entornando los ojos, se acomodó para tomar su teléfono que estaba en el buró mientras ingresaba a *Youtube*, y buscaba a una de sus artistas consentidas, y que adoraba oír por su frescura, por su jovialidad, por su voz y sus ritmos agradables, esa música realmente, le levantaba el ánimo, diciendo en voz baja y dibujando una sonrisa en su bello rostro.

_ Ya que no puedo conciliar el sueño me haré acompañar de mi artista favorita, en *Youtube*, deseo pensar, pero acompañada de algo que me guste y es por esto, que la música se ha vuelto mi fiel compañera. Hace tiempo que no platico con mamá.

La preciosa joven dejaba escapar un profundo suspiro, al mismo tiempo un triste lamento y, continuó el diálogo consigo misma, refiriéndose a su madre.

_ Mamá ha estado muy ocupada, debe apurarse con los deberes de la casa y de su trabajo, bueno, yo ayudo en lo que puedo, pero ocurre que mis tareas en la preparatoria, son bastantes, y debo apurarme para terminar, o me pasa lo que ahora... ¡me desvelo!

El tiempo pasaba y la adolescente seguía sin poder conciliar el sueño. Cerró los ojos, para intentar dormir, pero no lograba hacerlo.

El frío de la madrugada empezaba a sentirse con mayor intensidad, Alison se acurrucó en su cama, colocándose en posición fetal, las lágrimas seguían brotando de sus bellos ojos, aunque ya no como momentos atrás, al punto que decía para sí misma:

_ Sé que tengo que descansar y dormir, ya que debo asistir a la escuela, estoy en el tercer semestre de preparatoria y me he desvelado haciendo una tarea de Apreciación y Expresión del Arte, en la que he estado dibujando los márgenes de las hojas blancas para mis actividades y en esto, me he tardado más que en el contenido mismo de la asignatura.

Estarás pensando que soy una tonta, para eso existe la computadora, pero mi maestra de la asignatura nos pidió el trabajo a mano, para asegurarse de que leamos la información y no sólo hagamos copy paste, tal vez tú lo has hecho en algún momento.

En lo que a mí respecta, ¡me declaro culpable de esto! A veces por las prisas, o porque es mucha la tarea, llego a este punto. Pero he de decirte que ¡esta materia me encanta! He conocido a grandes artistas plásticos, la pintura me apasiona, puedo decir que los frescos de Miguel Ángel, en la Capilla Sixtina, son impresionantes, y si hacemos un análisis de ellos, creo que ciertamente, hay una simbología que sólo los expertos pueden explicar en torno a ello, sin descartar la majestuosidad con la que se muestran.

De forma personal, me apasiona el fresco sobre La Creación de Adán, pintado e inspirado en el Génesis, en donde Dios le da el aliento de vida a Adán, pintura realizada, hacia 1511 aproximadamente, en cambio, el fresco sobre el Juicio Final, me da temor, tan sólo por el nombre, no sé por qué, tal vez por lo que representa. Sólo de pensar en esto, hace que mi piel se ponga chinita.

A la joven realmente le gustaba el arte y es de reconocer, que su madre había ejercido hasta ese momento, influencia para que se inclinara por su gusto hacia ésta. Incluso, la adolescente estaba pensando en estudiar Historia del Arte, ya que era su pasión.

_ Si tengo posibilidades en algún momento de la vida, cuando sea grande y tenga una profesión, y con ella, mis propios medios económicos, viajaré para disfrutar de esas pinturas del Renacimiento en Roma y también iré a Francia, al Museo de Louvre, para ver de manera directa el precioso cuadro de Leonardo Da Vinci, ese hombre, que entre más conozco, más adoro, un gran científico, y muy avanzado para su época, La Mona Lisa, de Leonardo, me impresiona cada vez que veo la fotografía de ese cuadro. Es tan enigmático, como escalofriante y, por supuesto, si nos metemos a escudriñar en la Historia, la simbología y la religión, descubriremos grandes misterios relacionados con la Historia de La Mona Lisa.

Bueno... mejor no sigo, es parte de la exposición de mi clase para la próxima sesión. Realmente... ¿cuál será el enigma que encierra la Gioconda, qué fue lo que quiso expresar Leonardo Da Vinci, el italiano, el hombre renacentista que fue astrónomo, que hizo estudios sobre óptica, física, incluso hasta realizó muchos experimentos y con ello, análisis profundos sobre fisiología, además, sentó las bases sobre la aeronáutica, a partir de lo que observaba con el vuelo de las aves?

Alison repasaba todo esto en su mente, en razón de la exposición que tenía que realizar y también al recordar que, en la Secundaria, había leído un libro cuyo título es: Leonardo, hermoso Soñador, de los libros del Rincón, y que habían marcado su enorme gusto por este gran personaje del arte, realmente ese libro le resultó fascinante; mientras continuaba con sus memorias.

_ Para ser más exactos... quiero pensar en el Código Da Vinci, tanto el libro, como la película, me apasionan. No me canso de ver la película. Y el libro de Dan Brown, es sumamente emocionante.

La chica volvió a sus recuerdos... y...

_ No debería, decir esto, pero confieso que algunas veces, sólo he copiado y pegado la información para las tareas, pero... El Arte me fascina y esto no lo puedo hacer pasar así... Ha ocurrido que copio y pego si tengo mucho trabajo, ¡hago trampa! pero me aseguro de leer el contenido, por si debo aportar en clase o por si me preguntan los maestros, pero... es que en ocasiones es tanto el trabajo que... ¡Shhhhh!... mejor no sigo.

Dijo la joven esbozando una delicada sonrisa y generando un profundo suspiro.

_ No soy una alumna de diez en la escuela, pero procuro que mis resultados sean favorables, ya que eso me permite tener una beca de estudios, con lo que puedo solventar algunas necesidades, pues mis padres nos han apoyado siempre a Albert y a mí, pero también procuramos no perder la beca gubernamental.

Mantener la beca era una prioridad para ella, con ese dinero, adquiría materiales para sus clases, o se iba haciendo de recursos, para su futura carrera, y con ello, hasta esos momentos, ya había podido reunir para comprar con ayuda de sus padres, su propia cámara fotográfica profesional, para hacer de sus momentos especiales, de los lugares y personas, hermosas tomas, además de utilizarla en sus actividades de aprendizaje. Mientras tanto, la chica, seguía sumida en sus pensamientos:

_ El trabajo de papá en la Comisaría Municipal, si bien es cierto que no gana mucho, nos permite vivir dignamente, apoyado con los recursos que mamá también aporta a la casa desde lo que hace.

Ella se dedica a vender productos de belleza, por eso, siempre anda muy linda, aunque esto ha causado celos en papá, porque piensa que, al salir de casa, a vender sus productos, se arregla para otra persona. Creo que eso ha detonado las diferencias que existen entre ellos. Los celos absurdos de papá no los entiendo.

Las discusiones entre ellos cada vez son más frecuentes. Me duele verlos pelear, sus diferencias me lastiman mucho.

Mencionó la chica, al grado de que sus ojos se le volvían a llenar de lágrimas, mientras que estos pensamientos, la desconcertaban más.

_ Mamá ha intentado ser cuidadosa en no pelear delante de nosotros, pero a papá ésto no le importa y eso me genera rabia, impotencia, dolor. Quisiera defender a mamá que a veces, para no discutir, se guarda todo para sí misma, no le contesta a su marido, ella no pelea, no le gusta reñir. Pero tampoco me gusta cómo la están tratando. ¡No lo soportooooo! ¡No es justooooo!

Dijo la chica con coraje, con dolor, y con impotencia.

_ Amo a papá y como padre, no tengo quejas, pero como pareja de mamá, no me agrada, a veces quisiera que mejor estuvieran separados, o que se divorciaran, mamá merece estar bien y Albert y yo también. ¡No es sano vivir así!

La mayoría de las veces, estamos bien, pero cuando papá toma alguna bebida o se queda con los amigos o compañeros de trabajo, al llegar a casa, empieza a maltratar a mi mamá. Sus agresiones no son físicas, pero sí verbales y psicológicas.

Los fines de semana, se va a jugar béisbol, si le toca descanso. Pero se le olvidan los modales y se pone agresivo cuando toma. ¡Cuánto mal hace el alcohol a las personas!

Pensó la chica lastimosamente.

_ A pesar de que trabaja en la Comisaría Municipal y que tendría que cuidar sus reacciones por lo que representa, observo que el machismo, la inseguridad en sí mismo, la desconfianza, o quizás los casos que observa, hacen que él mismo caiga en lo que no debe, no sé qué ideas le pasan por su cabeza, pero no me gustaría casarme con un hombre machista.

La chica reflexionaba en torno a la situación de sus padres que se hacía cada vez más evidente e intolerante entre la pareja.

Al padre de Alison, nada le agradaba, de todo reclamaba a su mujer, al principio, ella se mantenía callada y sólo se le iba en llorar, pero poco a poco, tuvo que empezar a defenderse, pero eso causaba mayor irritación en su marido, ya que a él no le gustaba que le contradijeran.

Gilberto, estaba acostumbrado a ser un hombre rudo, pero, ya había ido demasiado lejos. La atmósfera en ese hogar se había transformado del amor a la indiferencia y agresiones hacia ella, lo que impactaba en los hijos del matrimonio, sobre todo en Alison.

Los chicos preferían platicar entre ellos, aislados de sus padres, encerrados en sus habitaciones al regresar de la escuela o compartiendo la habitación del otro para platicar sus vivencias, o para ayudarse a hacer alguna tarea de la escuela.

Los únicos momentos en que compartían la mesa, eran a la hora de los alimentos, ya que por la mañana, se apresuraban a desayunar para trasladarse a sus respectivas escuelas, en la tarde y en la cena, con más calma, degustaban la comida y se daban el espacio para platicar como familia. Gilberto muchas veces no estaba con ellos, por su horario laboral.

Albert, ya estaba en la Universidad, estudiando el primer semestre de la Licenciatura en Derecho, por lo que había momentos en los que él se interponía entre su madre y su padre para calmar las cosas entre la pareja, sobre todo, para calmar la ira de su padre, cuando éste llegaba tomado y agredía a su madre.

La joven, a punto de quedarse dormida, todavía dijo:

_ Me estoy durmiendo, ¡muero de sueño...! Hoy fue un día sumamente pesado, entre ir a la escuela, exponer un tema de matemáticas en el grupo, con mis compañeros, el baile en el club de danza, porque he de decirte que me gusta mucho bailar, de hecho, me encanta la cumbia y bailo con mis primos, ellos son cuatro en total, dos hijos de mi tía Ruth y dos de mi tía Judith... uffff, si te contara, no terminaría.

Bueno, por hoy... creo que... ¡zzzzzz!

Alison se quedó profundamente dormida, su día sin lugar a dudas, fue muy laborioso. Pero más que ésto, el agobio de sus problemas familiares era mucho mayor, no podemos imaginar cuánto y cómo es que una adolescente de 16 años, esté pasando por tanto dolor y sufrimiento, con tantas penas que sólo ella podía sentir en carne propia y que lastimaban su corazón y su alma de manera desmedida.

El sufrimiento se había convertido en una constante, a raíz de las actitudes y comportamientos de su padre.

Para la corta edad de la chica, las cicatrices de su alma y su corazón ya eran muy grandes, en la Historia de esta adolescente.

Para saber más sobre la preeclampsia, consulta aquí

http://www.massaludfacmed.unam.mx/index.php/que-es-la-preeclamsia/

La Mona Lisa y los increíbles misterios que la rodean. Consulta el código QR y disfruta de manera sencilla, de esta información importante.

https://www.youtube.com/watch?v=kn89qzTs_2Q&t=28s

La música es un regalo que nos permite relajarnos, vivir y disfrutar de nuestras emociones, acompañados de nuestros artistas favoritos.

Aquí podrás escuchar la música que gusta a Alison.

¡Abre y te sorprenderás!

https://www.youtube.com/watch?v=zoh7atVaVc0&t=513s

Uno de los dolores más grandes que vivimos los seres humanos, es cuando perdemos a un ser querido, en cualquiera de sus formas.

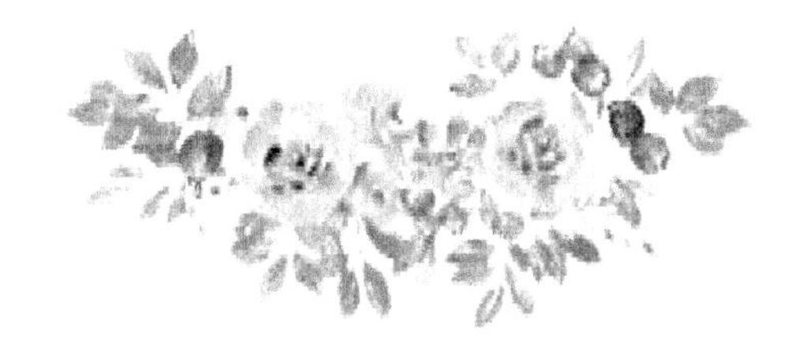

CAPÍTULO II

MI INFANCIA

Sólo había transcurrido una hora después de que Alison se quedó dormida, un sueño la hizo despertar sobresaltada, volviendo en sí de inmediato, poniéndola a pensar reiteradamente, mientras las horas de la madrugada avanzaban lentamente.

_ He pretendido dormir, pero... los sueños y los recuerdos llegan a mi mente, como una película en la que mi familia y yo somos los protagonistas.

Los recuerdos revoloteaban en la mente de Alison, al mismo tiempo que hacían que la chica contrajera los músculos de sus mejillas sonrosadas, haciendo muecas, que la hacían verse aún más bella de lo que era, pero enmarcando cierto aire de tristeza.

_ Soñé a mamá Lupita _ dijo la joven. Al mismo tiempo que iniciaba una conversación consigo misma.

_ He de contarte que crecí al lado de una familia muy bella, mi abuela materna, era muy cálida conmigo y con mi hermano, ella era sumamente amorosa, tierna. Yo le decía mamá Lupita y Albert también solía hacerlo.

La joven recordaba la bella imagen de su abuela. Extasiada en sus memorias, acentuando los últimos días en que la vio con vida y que inmortalizaba como si la tuviera en esos momentos, ahí con ella, a pesar que trece años atrás, su abuela había marchado al cielo, en donde sin lugar a dudas, se encontraba...

Alison rememoró su sueño, había sido tan real que sólo atinó a decir:

_ Soñé que era muy pequeña, me fui a viajar en el tiempo, cuando mamá Lupita, enfermó de gravedad por una afectación del corazón, vi cómo yo la ayudaba a levantarse y ella tomaba mi pequeña mano para besarla y acariciarla, me daba gusto poder ayudarla, para mí fue maravilloso volver a verla, sentir su presencia a través del sueño. Mamá Lupita me pedía que le pusiera sus calcetas, pues por su enfermedad, le era complicado agacharse. La vi en ese proceso de enfermedad, ella retenía líquidos, noté su vientre inflamado en demasía, impidiéndole agacharse.

Alison con ese sueño, recordó a su abuela materna a quien amaba intensamente por ser una gran mujer, y quien adoraba a sus nietos, todos eran sus consentidos, pero a Alison y a Albert, por ser los más pequeños de la familia, los amaba en demasía.

Los grandes ojos de Alison quedaron fijos en una de las lámparas de la habitación, que estaba incrustada en la pared frontal de su cabecera.

La lámpara en forma de flor era de una luz cálida, que daba un toque tierno al espacio de la joven, quien continuó sumida en sus recuerdos infantiles y en el sueño que acaba de tener, entretejiendo aquello que ya había vivido años atrás, al lado de su abuela, cuando apenas era sólo una niña.

_ Mamá Lupita era un sol, no sólo para mí, sino para sus hijas, para todos sus nietos, para los hermanos de mi abuelita, y para mucha gente que la apreciaba, así que su partida de esta Tierra, me dolió mucho. A pesar de mi edad, recuerdo esos momentos tan dolorosos, que vivimos en familia, yo sólo tenía tres años en ese tiempo, a ella le gustaba decirme:

_ ¡Alyyyy, mi amor, veeen, ayúdame!

Me gritaba con su voz un tanto apagada, pero llena de amor y de cariño hacia mí, ella me hablaba para ayudarla y yo corría a verla. ¡Disfrutaba ver su rostro lleno de luz y bondad para mí!, ¡su nietecita, la niña de sus ojos, la única mujercita! Me gustaba que me pidiera que la curara diciéndome de esta forma:

_ "¿Me tallas mis piernas por favor mi niña?" Y yo le daba masajitos con mis manitas. Ella decía que le ayudaba mucho que yo masajeara sus piernas un tanto hinchadas por la retención de líquidos, pero recuerdo que me decía que mis manos eran muy suavecitas y le producían alivio, yo creía que la curaba y me gustaba ayudarla.

Sé que por ella en algún momento, pensé en ser doctora pero me gusta el arte, eso me llena y me apasiona más.

Me alegraba saber que yo podía hacer algo por ella, yo era feliz curando sus piernas a pesar de las várices que se le formaron durante su proceso de enfermedad, recuerdo que estaban muy inflamadas, debieron ser muy bellas en la juventud de mamá Lupita, pues aún conservaban algo de su forma. Mamá dice que heredé las piernas de mamá Lupita... ¿lo puedes creer?

Alison sonrió al pensar en esto, le gustaba recordar a su abuela, porque entre las dos hubo una conexión de amor y afecto muy especial que, hasta ahora la hermosa joven, seguía conservando en lo más profundo de su corazón, continuaba amándola y la mantenía viva en sus pensamientos.

_ He de decir que mamá Lupita era una mujer hermosa, por dentro y por fuera.

En el álbum familiar hay fotografías de ella y se le puede apreciar como una mujer joven, blanca, de cara semi redonda, ojos amielados, cabello castaño claro y a media espalda, era alta, con chapas naturales en sus mejillas, dicen que heredé sus chapas, ella era de nariz afilada y delgada, y con una sonrisa encantadora. Durante su juventud, usó minifaldas que lucía espectacularmente bien.

Hay una fotografía de mamá Lupita que me encanta, está en la Villa de Guadalupe de la Ciudad de México, con una de sus hermanas y con mi abuelo. Ella trae puesto un traje de lana café, compuesto de saco abierto, de manga a tres cuartos y minifalda, haciendo juego con una blusa negra de elegantes escarolas y zapatos tipo mocasines de charol negro, con un bolso, de charol, que hacía juego con su calzado, trae el cabello suelto. Mientras el abuelo, porta un pantalón en color verde militar y una playera en color verde olivo y zapatos negros, la abraza por la cintura.

Mamá Lupita, como solía decirle Alison a su abuela, era una mujer de buen gusto, además de bella física y espiritualmente. La joven continuaba rememorando a su abuela.

_ En ese tiempo, mamá Lupita y el abuelo, eran novios, pero la hermana de mamá Lupita, estaba ahí haciendo mal tercio jajajajaja.

Alison rió alegremente al pensar en lo que dijo de la hermana de su abuela.

_ Bueno, no tanto, pero me hubiera gustado la foto sólo de ellos dos _ Precisó Alison.

En la imagen se aprecia uno de los jardines de El Tepeyac, con rosas blancas y rosadas, con la escalinata de piedra que se visualizaba al fondo, con una barda de contención que forma parte del jardín, en donde se observa un ícono de piedra de la Virgen de Guadalupe y Juan Diego; entre el pasto maravilloso que engalana esa bella fotografía, lo mismo que las preciosas rosas. Alison imaginaba percibir la agradable fragancia de las flores, como un regalo de Dios y de la naturaleza.

La joven hablaba de su abuela con inmenso cariño. No dudaba en sus palabras y no tenerla viva le dolía profundamente.

_ La belleza de mamá Lupita era mucha, por dentro y por fuera, hoy desearía abrazarla, sé que tendría palabras de consuelo para mí, en estos momentos en los que desearía dormir y olvidarme de todo lo que está pasando. ¿Por qué a mí? ¿Por qué ha tenido que tocarme vivir esto? ¡La situación de mamá y papá me rompe el alma y ellos no se dan cuenta!

Las lágrimas de Alison salieron nuevamente de manera incesante de sus grandes y hermosos ojos, al mismo tiempo que sentía un gran nudo en la garganta que la ahogaba de manera fortuita.

_ Quisiera gritar y no puedo, por eso, en estos momentos de soledad, en mi refugio personal, encuentro cierta tranquilidad y creo que llorar me hace bien.

Desde tiempo atrás, el dolor, la desesperación, la impotencia, la melancolía, han formado parte de mi día a día. Sé que son muchos sentimientos y emociones negativos que han llegado a mi vida y de alguna manera he buscado alivio ante todo lo que he estado viviendo desde que estaba en la primaria.

Alison viajaba rápidamente al pasado, recordando acontecimientos y personas que habían formado parte de su vida desde su etapa infantil y diciendo para sí misma, continúo con su diálogo interno:

_ Ingresé al preescolar y ahí hice varias amiguitas de las que, hasta el día de hoy, aprecio y recuerdo con cariño.

Hace poco, encontré en Facebook a mi mejor amiga de ese tiempo. Se llama Maya, pero siempre le dije Mayita. Estuvimos charlando por el *messenger*, y me contó que vive en Zacatecas, con su familia.

He tenido la oportunidad de conocer esa ciudad preciosa, estilo colonial de México y Patrimonio Cultural de la Humanidad, nombramiento otorgado por la UNESCO, por su gran riqueza arquitectónica. Destacando su hermoso centro histórico y en él la bella catedral de cantera rosa, que se alza majestuosa en la hermosa ciudad y en el interior del templo, sobresalen numerosas columnas que engalanan el lugar, y en ocasiones especiales, se toca el órgano, especialmente construido para la catedral, en las Celebraciones Eucarísticas que ahí se realizan. El palacio de gobierno y varias construcciones de importancia, también forman parte de esta gran riqueza cultural del lugar.

La joven continuaba haciendo una remembranza iluminando su rostro con satisfacción ya que viajar, era una de sus pasiones. La hermosa chica, no detuvo sus pensamientos y continuó, mientras dejaba escapar un profundo suspiro y limpiaba algunas lágrimas de sus mejillas.

_ En momentos en los que hemos disfrutado de vacaciones de Semana Santa, hemos recorrido la ciudad, y de allá me encanta el teleférico, donde se puede apreciar la vista de la ciudad desde lo alto, atravesándola de lado a lado, con más de 600 metros de longitud. ¡Amo realizar estos recorridos!

La mina, El Edén, es impresionantemente hermosa, hay una discoteca en el interior, y se puede apreciar en el viaje relámpago que se hace, el tiro y los túneles que se han formado para la extracción de los minerales que ahí se han explotado a lo largo del tiempo. Los guías ofrecen una explicación de la producción de plata que ha tenido la mina, sus derrumbes, el trabajo de muchos hombres, las enfermedades contraídas por la labor dura de la minería desde la época colonial, hasta nuestros días.

Se percibe el olor húmedo de las rocas, y al introducirnos en la mina, el aroma en el interior de la misma se mezcla, dando una sensación de una ligera sofocación, por la falta de oxígeno y los gases de los diferentes minerales de las entrañas de la Tierra.

Se puede estar bajo la superficie a varios metros, a media luz, ya que hay lucecillas que alumbran las secciones y pasillos que conducen a un lugar y a otro, dando un aspecto tétrico, con las luces y sombras que se observan, y en donde seguramente, las almas de los trabajadores muertos en esos lugares, no descansan en paz, y deben sonreír o incluso, molestarse, al ver a los turistas, invadir su espacio. Hay varias leyendas en torno a la mina, pero no me gustaría que una de esas almas en pena, me espantara algún día.

Los aromas que se perciben en el interior de la mina son difíciles de describir, son muchos los metales, y los gases presentes en las minas, algunos aromas son sulfurosos, nitrosos, entre otros, no puedo decirte exactamente a qué huele, pero las filtraciones de agua, en algunos túneles, o pasillos se deja notar, cuando cae alguna que otra gota sobre tu cabeza, o al observar o palpar las paredes húmedas. Los gases suelen causar peligros de intoxicación a los mineros, por otra parte, dentro de ellas, se corre el riesgo de que haya derrumbes y en muchos de los casos, los trabajadores quedan sepultados en el interior de las minas.

En el Cerro de la Bufa, se puede apreciar, también, una vista panorámica de la ciudad… ¡amooooo Zacatecas y mi amiga Mayita, vive en ese lugar!

Expresó Alison de manera alegre, mientras continuaba en su dialéctica personal.

_ Allá en el Cerro de la Bufa, hay una pequeña iglesia, también hay unas estatuas de Francisco Villa, El Centauro del Norte, Pánfilo Natera y Felipe Ángeles, hombres revolucionarios que se unieron a las Fuerzas de Villa. Las estatuas son grandes, los hombres montados en sus corceles, se ven imponentes y los turistas no dudan en tomarse la fotografía del recuerdo con ellos.

Villa era un hombre aguerrido, fuerte, y muy valiente, pero también sanguinario. Aunque como todos, debió tener sus defectos y virtudes. Era originario del Estado de Durango, y cuenta la historia que se casó muchas veces, aunque en este momento, no entraré en detalles. El verdadero nombre de este personaje de la Revolución Mexicana, era Doroteo Arango.

Con Mayita, he platicado de vez en cuando, y me agrada hacerlo, sé que podré contar siempre con su amistad.

Mi escolaridad en el preescolar transcurrió sin novedades, yo era muy feliz, me encantaba ir a la escuela, para jugar con mis amiguitas de ese entonces, y por supuesto, ver a mi maestra, era para mí una gran alegría.

Miss Valeria, mi docente del jardín de niños, era una mujer muy dulce, amorosa, a pesar de que ya era grande de edad, puesto que le calculo que, en ese entonces, tenía cerca de los 50 años, siempre mostraba mucho cariño por mí y por mis compañeritos. La hora del recreo era la que más nos gustaba, ya que íbamos a los juegos y disfrutábamos tanto de estar ahí, corriendo por la cancha, por las áreas verdes y por el jardín donde estaban los juegos en donde nos subíamos y disfrutábamos mucho.

Yo era muy feliz en la escuela, nuestras risas y juegos eran una constante, además de las actividades preciosas que nos ponía miss Valeria. Me gustaba hacer collares con sopa, o con papel crepé de colores, o bolitas de papel china y rellenar los dibujos, o ¿qué decir de las primeras letras?

La joven continuaba con sus remembranzas, volviendo a pensar en su querida abuela a quien siempre mantenía viva en su corazón, por el gran amor que se tenía la una a la otra.

_ Recuerdo que, en ese tiempo, mamá Lupita ya estaba mal. En casa, se vivían momentos complicados, entre la alegría de seguir teniendo con vida a nuestra querida madre y con la tristeza de pensar en que en cualquier momento podría partir para siempre.

Yo tenía tres años, cuando en el mes de mayo, justo un día después del cumpleaños de mamá Lupita, ella partió de este mundo.

Durante la madrugada, del día en que falleció, me despertó el llanto de mi madre, quien fue notificada del fallecimiento de mamá Lupita, por la tía Ana, hermana de mamá Lupita, escuché que mi princesa lloraba mucho y le gritaba:

_ Mamáaaa, ¡no te vayas, no me dejes!, al tiempo en que las dos se abrazaban. Mientras que la tía Ana le decía a mamá:

_ ¡Ya hija, tu mami está tranquila! Ella ya está con Dios, recuerda, que Jesús le vino a decir que sus días estaban cerca. No tengas duda de que ella está con Nuestro Señor.

Mamá le contestó:

_ ¡Sí tía, lo sé!, ¡mi mamá era una mujer muy buena, sé que está con Dios, pero no deja de dolerme, ya nunca más la volveré a ver, me duele saber que ya no la tendré más conmigo!

Alison, recordaba a su madre, en la forma en que lloraba amargamente la partida de Lupita a la casa del Creador.

_ Una de las hermanas de mamá Lupita, se había quedado a cuidarla en la noche era la tía Ana, ambas se llevaban muy bien, y a ella, le tenía más confianza, después de mamá, para sus cuidados personales.

En los últimos días, mamá Lupita, ya necesitaba oxígeno para poder respirar. Los médicos, habían indicado que ya no se podía hacer más por ella, más que esperar el momento en el que Dios se la llevara consigo para siempre. Y ocurrió el 16 de mayo, justo un día después del cumpleaños de mamá Lupita, día en el que ya no hubo celebración alguna, la tristeza embargaba a toda la familia. Recuerdo que fui con ella, la abracé y le besé su carita, deseándole un feliz cumple.

Mamá Lupita, sólo me sonrió ligeramente, ella estaba muy mal. No sé si pudo escucharme, posiblemente sí, por la sonrisa que recibí de ella, es lo último que recuerdo. Su semblante, estaba pálido, dejó de comer, pero pedía agua, misma que le daban con hisopos, poco a poco, o con cuchara, sólo para hidratar un poco sus labios.

Mamá Lupita, realmente se veía muy mal. Recordarla así me duele mucho y me causa una aflicción muy grande, ella se valía del oxígeno para tener una mejor calidad de vida, así como de cuidados en todo momento.

Mis tías Ruth y Judith, ya había llegado a casa de mamá Lupita cuando les avisaron que había muerto. Estuvieron acompañadas de sus esposos y de mis primos.

La tía Ana, avisó al resto de hermanos y ellos a su vez, a la familia completa, así que pronto llegaron todos, para empezar los preparativos para el velorio.

Papá compró los arreglos de flores blancas, que se colocaron en la sala de la casa y en el centro, el ataúd café de la abuela con ella adentro vestida con un traje en color lila. Su rostro se veía tranquilo, muy bello. Realmente, denostaba una gran paz. En sus manos, le habían colocado un crucifijo.

Las flores que adornaron ese espacio fueron rosas blancas y nardos, esas flores aromáticas que a mamá Lupita le gustaban mucho. Por lo que el ambiente, era triste, pero al mismo tiempo, se desprendía un aroma agradable, por las flores y las velas encendidas.

La familia completa estaba ahí, mamá Lupita ya muerta, había logrado que todos se reunieran, como solía hacerlo en vida. Mis primos, Erick, Eitan, Joan, y Andrés, Albert y yo sufrimos mucho por su partida.

Durante el velorio se realizó la misa por el eterno descanso de mamá Lupita, ¡estuvo preciosa!, recuerdo que hubo rezos, cantos y canciones que a ella le gustaban.

Un primo de mamá Lupita, que es Pastor, realizó un culto muy bello, de acuerdo a sus creencias religiosas; todos estuvimos en armonía, entre el dolor de su partida, pero en vínculo con Jesús.

Desde la madrugada para amanecer ese 16 de mayo, el dolor de mi madre era muy grande. Durante el día, hicieron los trámites correspondientes para obtener el acta de defunción y organizar todo para el velorio en casa. Fue un día sumamente pesado y doloroso para todos.

Al día siguiente, todos se prepararon para ir a dejar el cuerpo de mi abue, al panteón en donde sería su morada a partir de esa fecha. Y así lo hicieron. Después de celebrada la misa, el 17 de mayo partieron y sepultaron los restos de mi mamá Lupita, pues ella ya estaba con Jesús, en la mansión eterna.

Alison sólo tenía tres años, era una niña, pero recordaba perfectamente todo eso que había vivido y que, de cierta forma, fue su primer acercamiento al dolor. Comprendía que su abuela, "se había marchado a los brazos de Dios", así se lo había dicho Anya, su madre, para explicar a ella y a Albert, lo que estaba pasando.

Lo comprendía muy bien a pesar de la corta edad. Ella y Albert, se abrazaban y platicaban entre sí, sobre la partida de su abuela, en un diálogo infantil, que denotaba claramente, la tristeza de ambos. Compartían ese sentimiento, el resto de sus primos, quienes también sufrían la pérdida de su abuela. Pero que, en edad, eran mayores a Albert y a Alison.

Cada minuto, les parecía eterno. La experiencia dolorosa de ver partir a un ser querido, es muy fuerte, en cualquier edad. Ellos lo estaban viviendo.

Mientras tanto, Alison, continuaba en su viaje al pasado sumida en sus pensamientos:

_ La muerte de mamá Lupita, ha sido uno de los días más tristes para mi princesa, y aún, el día de hoy, recordar esa fecha la entristece demasiado, es un dolor que le causa gran sufrimiento, nunca quiere que se llegue el 16 de mayo, fecha tan significativa, por la separación física de su amada madre, de ese amor puro y verdadero. A mí también me cuesta mucho olvidar a mamá Lupita.

¡Cómo desearía que estuviera viva. Quizás mamá, sufriría menos, mínimo tendría en quien refugiarse, y hasta yo iría con ella! ¡Cómo quisiera abrazarla en estos momentos, sentir su presencia, su consuelo! ¡Escuchar nuevamente su voz, sería sensacional! ¡Sentir sus manos en mis mejillas, recibir sus tiernos besos!

Dijo Alison suspirando profundamente, al tiempo que sus ojos se llenaban de lágrimas. La joven pensaba en su abuela y lamentaba intensamente no tenerla consigo y con su madre, realmente añoraba poder abrazarla, sentirse protegida, comprendida, apoyada, escuchada.

Eran tantas las ideas que pasaban por la mente de Alison.

Los recuerdos le revoloteaban en la cabeza uno tras otro, como si no tuvieran fin. Una y otra cosa, aparecían en sus recuerdos, como si de una película se tratara.

Cada acontecimiento y cada persona, arribaban en su cerebro, a ese lugar en el que nadie podía ingresar, sólo ella.

Esa área en la que la joven, podía dialogar, sin que los demás se enteraran, una zona en donde podía planear situaciones sin que nadie pudiera decirle qué estaba mal o qué estaba bien. Sólo ella sabía del dolor que estaba pasando y cómo sobrellevar aquella carga que le resultaba inmensamente pesada, para su corta edad.

Hasta esos momentos, Alison quería que su mundo cambiara, deseaba olvidar todo lo que había vivido.

Horas atrás, su padre había llegado del trabajo, pero antes de estar en casa, pasó a tomarse unas cervezas, con unos amigos, pues habían acordado festejar el cumpleaños de uno de sus compañeros al término de su guardia. Así que estuvo toda la tarde y parte de la noche con sus amistades. Al día siguiente, a su padre, le tocaría ingresar temprano a continuar su guardia, pero a pesar de que trató de no emborracharse, llegó a casa, muy agresivo con Anya por lo que se desencadenó una afrenta entre los dos.

_ ¡Ya llegué familia! Expresó Gilberto en cuanto entró a casa:

Alison contestó desde su habitación, en donde estaba apurada con sus tareas.

_ Sí papá. ¿Vas a cenar? _ cuestionó la joven a su padre.

Éste le contestó:

_ No gracias. Pero me hubiera gustado que fuera tu madre quien preguntara si tengo hambre o no. Siempre es lo mismo con ella. Nunca hace nada.

Alison le dijo a su padre:

_ ¡Mamá está descansando, se siente mal! ¡Le duele la cabeza! Llegó de trabajar, comió y le dije que se fuera a dormir. ¿Quieres que le hable?

Dijo la joven desde donde se encontraba, mientras su padre desde la sala, gritando decía:

_ Con tu mamá siempre es lo mismo, o no está en casa, o está trabajando, o está descansando. ¿Cuándo tendrá un momento en que me pueda atender? No quiero que me sirva, solo que se digne en ofrecerme algo.

Alison escuchando a su padre, le contestó:

_ Papá, te estoy preguntando si vas a cenar y me dices que no, ¿para qué quieres molestar a mi mamá si se siente mal? ¡Déjala descansar!

Gilberto le contestó furioso a su hija:

_ ¿Por qué siempre la tienes qué defender? Tú dedícate a tus actividades de la escuela, y no te metas.

Alison, sintió coraje contra su padre, quien a fuerza quería que su madre se levantara a ofrecerle algo, sabiendo que él sólo lo hacía para molestar, puesto que hambre, no tenía. El alcohol que había ingerido, hacía que tuviera el valor para gritar de esa forma.

Alison estaba bajando a la sala, y al escuchar esto de su padre, se regresó a su habitación, dando un portazo. La chica, con rabia contenida, se volvió donde sus cosas escolares, y unas lágrimas salieron de sus ojos.

Alison pensaba:

_ No es justo que papá a fuerza quiera que mamá se levante. Yo le iba a ofrecer algo para que cenara, y no quiso, ¿por qué tiene que ser así? No soporto más esta situación, y menos que llegue a molestar. Papá está portándose tan machista e intolerante, ¡no lo entiendo!

Eran cerca de las 12 de la noche cuando esto ocurrió y desde esos momentos, Alison, lloraba en silencio, mientras avanzaba en las actividades del día siguiente.

Su padre se dirigió a la habitación conyugal, abriendo fuertemente la puerta, ante lo que Anya, reaccionó, despertando bruscamente, diciendo:

_ ¡Me espantaste! ¡Tranquilízate! ¿Qué te pasa? ¿Vas a cenar?

Expuso la madre de la joven, incorporándose de la cama, para ver a su esposo, quien ya molesto señaló:

_ Tu hija ya me ofreció de cenar, pero quiero que tú bajes y me des algo _ indicó Gilberto, quien ya vociferaba.

Anya, se incorporó con cierta dificultad, estaba adormilada, había ingerido una pastilla para el dolor de cabeza que sentía y que durante la tarde le estuvo molestando. Seguramente su presión se estaría alterando, pero eso lo sabría hasta el otro día, ya que habló por teléfono para sacar una cita médica, y al día siguiente, estaría ahí para que la valorara el médico.

Gilberto le reclamó a su esposa, por no atenderlo. Él en su hombría, en su afán por molestar a su mujer, insistía en que su esposa le privaba de atenciones, mientras continuaba haciendo reclamaciones.

Nada de lo que ella había hecho a lo largo de los últimos años de su vida matrimonial, servía para dar gusto a su marido. En todo le reclamaba, de todo se molestaba. Ningún esfuerzo realizado por ella era valorado, para él nada de lo que ella hiciera, tenía significado alguno, él deseaba verla en su hogar, para que realizara las labores domésticas y que en cuanto llegara, tuviera las atenciones, que “un hombre como él requería”. Gilberto ayudaba en algunas ocasiones en las labores del hogar, lavaba los trastes, cocinaba o hacía limpieza de la casa, pero si lo hacía, cuando podía, hacía reclamaciones a su mujer y se adjudicaba todo y por consiguiente, ella nunca hacía nada. Y le decía que ¿cuándo iba a meter las manos para hacer algo? Era una violencia psicológica que la madre de Alison estaba viviendo, además de la verbal. Situación que a la joven le dolía inmensamente.

Un hombre con esas actitudes, lo único que lograba era hacer de su matrimonio, un caos. Eso era lo que Gilberto estaba haciendo en la vida de su familia, un verdadero problema. Y lo hacía por no saber medir sus impulsos, no controlaba sus reacciones, no pensaba las palabras hirientes que decía a su esposa, sin importarle que sus hijos, le escucharan. Y de esto, eran ya dos años, en los que los reclamos, los gritos, las faltas de respeto hacia su mujer, eran constantes.

La vida en ese matrimonio, ya no era vida si él tomaba. Cuando esto no ocurría, la cosa era distinta, por eso a Alison le molestaba sobremanera, que su padre bebiera.

Albert no se dio cuenta de lo que pasó cuando llegó su padre a casa, él había estado trabajando con sus tareas, pero se fue a dormir aproximadamente a las 10:00 de la noche ya que no había dormido la noche anterior, pues había estudiado para un examen que presentó ese día, por lo que debía estar bien preparado para no reprobar, así que el sueño le venció a temprana hora.

Gilberto, se mostraba como un ser duro, inclemente; como un macho en toda la extensión de la palabra y no daba crédito a lo que su hija ya le había dicho sobre su madre.

Anya, por su parte, empezó a llorar y levantando la voz dijo:

_ Para ti nada de lo que hago vale la pena, ya estoy harta de que siempre me digas lo mismo. Si no estás a gusto, te puedes ir. ¡Ya basta de que no me creas cuando me siento mal! ¡Ya basta de tu mal trato hacia mi persona! Yo también trabajo y me canso, todos en casa ayudamos. No eres el único que mete las manos para limpiar, los niños también ayudan.

Dijo Anya refiriéndose a sus hijos y molesta continuó:

_ Así que no me digas que no hago nada. ¿Tienes hambre? ¡Ve a la cocina, calienta y sírvete, hice albóndigas y sopa de verduras, que Albert me pidió, ya sabes que a él le gustan mucho. ¡Pero déjame descansar! ¡No quiero pelear! ¡Me duele mucho la cabeza!

Gilberto la jaloneó por unos instantes, ella se resistió al jaloneo, tratando de quitarse las manos de encima diciendo:

_ Oye ¿qué te pasa? A mí no me vas a tratar así. Fíjate cómo me estás hablando. Yo no te he dicho nada, no te he molestado, no tienes por qué dirigirte así conmigo.

Anya se armó de valor para contestar así. Eran casi dos años en los que su marido, llegaba de esa forma, maltratándola como él quería, sobre todo, en la cuestión psicológica, recriminando lo que hacía o dejaba de hacer. Ella sabía que estaba cumpliendo con sus responsabilidades, pero a él no le importaba, no lo visualizaba o no quería hacerlo, mucho menos, valoraba lo que su mujer hacía. Cuando esto pasaba, los momentos eran muy tensos.

Albert se despertó con los gritos de su madre, se levantó y tuvo que intervenir para calmar a su padre, de lo contrario, tal vez, sería mayor la agresión hacia su madre, y por consiguiente, hacia ellos. Albert ya era un hombrecito que lo enfrentaba, y esto, a Gilberto no le gustaba mucho, pero el chico lograba calmar la ira de su padre.

Albert, ya había dialogado con su padre, para que controlara sus emociones, cosa que, en lugar de evitar situaciones como ésta, parecía que le incitaba más a hacerlo, pues las peleas, se estaban volviendo cada vez más frecuentes, y por supuesto, beber alcohol, también era con mayor frecuencia.

A Gilberto no le gustaba que su mujer saliera a trabajar, porque esto hacía que siempre estuviera bien arreglada y perfumada. Realmente, su esposa era muy bella lo que generaba en él inseguridad y celos, al punto de que esto afectaba seriamente su matrimonio. Estaba perdiendo el control sobre su vida en pareja, y como consecuencia la pérdida de su autoestima, mientras que, en su esposa, generaba sentimientos de frustración y un gran distanciamiento, pues ya no quería mantener comunicación con él. Se estaba generando en Anya, sentimientos de confusión, ira, y alejamiento de él, situación que estaba fragmentando la relación de pareja.

Anya estaba ausente, emocionalmente, no estaba bien. Sonreía sin alegría. Esa era la manera en que Anya se sentía. Estaba desconectada de su realidad, a pesar de que al trabajar procuraba brindar a todos una sonrisa, en su corazón, había dolor, pero no lo demostraba.

Ella había tenido el valor de enfrentarse a él. Reacción de la que se sorprendía, porque generalmente, solo escuchaba, no peleaba, no decía nada, se le iba en llorar cada vez que él llegaba a casa con reclamos de manera agresiva, aún sin ponerle una mano encima; la violencia era manifiesta, era una violencia psicológica, que estaba desgastándola considerablemente y a sus hijos también.

Por esta razón, tomó fuerzas y se encaró a su marido diciéndole con fuerza:

_ ¡Es la última vez que me haces esto! No voy a permitir que me sigas tratando como te dé la gana. ¿Me entendiste?

Los gritos se escucharon en la habitación contigua donde Alison se encontraba. Esta situación la ponía muy nerviosa. Deseaba que sus padres no pelearan. Verlos discutir se estaba convirtiendo en una constante que laceraba su corazón y su alma adolescente.

La joven lloraba amargamente, su desesperación era muy grande.

Albert intentó calmar a su padre, pero se fue a su habitación, cuando su madre le dijo que estaría bien, que se fuera a descansar. Pero Gilberto, continuaba con sus reclamos, por lo que Anya, lo tuvo que enfrentar. Poco a poco se dejaron de escuchar los gritos.

Pasado el tiempo, Alison se dirigió al baño, se lavó la cara, se cepilló los dientes y se puso su pijama de *Stitch*, que le encantaba. Ya era momento de descansar. Estaba terminando sus actividades escolares, y ya era casi de madrugada.

Las lágrimas de la joven se confundieron con el agua tibia que tocaba su rostro limpiándolo de las impurezas del día, cuando terminó se secó suavemente la cara con la toalla blanca que estaba colocada en el impecable mueble de madera de su baño, donde tenía sus cosas de higiene personales.

Se dirigió a su recámara, pero no pudo conciliar el sueño… y la mayor parte de la noche estuvo llorando y recordando tantas cosas vividas a lo largo de los años y que hasta ese momento, reconocía que todas ellas, han marcado su existencia.

Alison pasó mucho tiempo en rememorar tantas cosas que se vinieron a su mente una a una, con varios pasajes vividos, hasta que finalmente, se quedó dormida.

Para que amplíes tu panorama sobre violencia familiar, ingresa al QR.

https://www.anahuac.mx/iest/nosotros/publicaciones/revista-humanidades/violencia-intrafamiliar

Te invito a realizar un viaje turístico por Zacatecas, mediante este video.

¡Disfrútalo!

https://www.youtube.com/watch?v=841PY-2rHSk&t=2s

El amor más grande, más puro, maravilloso y sincero es el de los hijos.

CAPÍTULO III

EN LA ESCUELA

_ ¡Alisooon, despiertaaa! _ le gritó su padre al día siguiente.

_ Son las 6:00 de la mañana, apúrate porque llegaremos tarde a la escuela _ inquirió su padre.

Ella aun dormida, alcanzó a escuchar la voz de su progenitor e inmediatamente despertó y le contestó:

_ Sí papá, ahorita bajo.

Alison rápidamente se levantó mientras continuaba en sus reflexiones, y de manera automática, iba preparándose para asistir a la escuela.

_ Mi horario de entrada es a las 7:00 de la mañana. Me quedé dormida, gracias a que papá me habló, si no, me habría quedado adormilada.

Alison se apresuró a meterse a bañar, pero antes de hacerlo, presionó su brazo izquierdo, con una navaja de afeitar que guardaba en el mueble de madera en el baño. La sangre empezó a brotar en un delgado hilo rojo, ella lo hacía para mitigar un poco la necesidad que tenía de olvidar sus problemas.

La sangre escurría por su brazo izquierdo, al mismo tiempo que esbozó una leve sonrisa de satisfacción y con ella, una ligera mueca de dolor. Ese corte era más grande que los anteriores.

_ Una herida más _ dijo Alison _ creo que he perdido la cuenta, mis dos brazos se han convertido en mi escudo, mi refugio.

La sangre se diluía con el agua caliente, que brotaba de la regadera mientras el vital líquido recorría el cuerpo de la joven. El agua relajaba por instantes, sus emociones, ella disfrutaba de ese delicioso baño que estaba tomando a esa hora de la mañana para espabilarse e irse a clases.

Alison gozaba plenamente, del contacto del agua con su cuerpo y mientras que se bañaba, su brazo, ya sólo desprendía un pequeñísimo hilito de sangre. Al terminar de ducharse, ya no fluía el líquido rojo y esto tranquilizaba a la adolescente.

Rápidamente se arregló, y bajó en minutos. El desayuno ya estaba servido, así que un jugo de naranja, fruta y unos huevos a la mexicana, se convirtieron en un manjar, preparado por su padre, pues su madre ya había salido a trabajar, debía ir a una convención a otro Estado de la República Mexicana, compromiso derivado de los cosméticos que vendía.

Alison comía con ganas, disfrutando cada bocado para irse a la escuela.

Albert, ya estaba listo, era el más madrugador, debían apresurarse para llegar a tiempo, ambos iniciaban clases a las 7:00 de la mañana y, entre la Universidad de Albert y la preparatoria en donde estaba ella, se prolongaba el tiempo por el tráfico de la mañana. Por tanto, ella y su hermano debían almorzar bien, pues hasta por la tarde estarían comiendo nuevamente en casa.

Acostumbraban a llevar lunch para cada día, pues no les agradaba hacer fila en la tienda escolar, además de que por experiencia, se pasaban más tiempo formados y el receso se les terminaba en ocasiones, sin probar bocado, por eso, optaron por llevar sus propios alimentos. En esa ocasión, fue Albert quien preparó el lunch para los dos, y consistió en fruta picada, yogurt y una torta de milanesa de pollo, acompañada de lechuga, rodajas de tomate rojo, chiles en vinagre, un poco de mayonesa *light* y una botella de agua.

Ambos hermanos eran un tanto vanidosos y cuidaban su figura, por lo que la mayoría de veces, procuraban llevar una dieta equilibrada, sólo que, a Albert, le agradaba preparar tortas, porque le resultaba más fácil.

Era una comida sustanciosa, para su día de escuela y por sus actividades, no podrían comer otra cosa.

Albert le dijo a su hermana:

_ Aly, y por fin ¿a qué hora te dormiste anoche? Yo me quedé dormido muy pronto, tenía mucho sueño. Los gritos me despertaron, pero después de calmar a papá me volví a dormir, aunque mamá me mandó a mi cuarto, se siguieron escuchando sus gritos.

Alison le contestó un tanto molesta:

_ Es mejor que no viste nada al principio, porque se armó la gorda entre ellos, otra vez, ya solo te tocó lo último.

Albert, mirando a su hermana de manera inquisitiva le replicó:

_ Oye, y ¿por qué no me hablaste en cuanto papá empezó a molestar? Seguramente otra vez, se fue en contra de mamá, ¿verdad?, me despertaron los gritos, pero como dices, ya no pude ver mucho.

_ Así es _ contestó Alison _ pero es mejor que no lo hayas visto, porque se puso muy agresivo, me daban ganas de...

Gilberto interrumpió la conversación entre los jóvenes, porque ya estaba bajando con las llaves del carro, pues mientras ellos almorzaban, él subió a bañarse, para alistarse e irse a trabajar, después de dejar a sus hijos en la escuela. Por tanto, intervino diciendo:

_ ¿Ya terminaron de almorzar? Para irnos, porque se hace tarde.

_ Sí papá. Vámonos, comentaron los chicos, quienes rápidamente fueron a cepillarse los dientes y a ponerse en marcha.

En el camino hacia la escuela, Alison pensaba en los acontecimientos de la madrugada de ese día, en todo lo que había pasado por su cabeza y, de recordar tantos momentos, algunos agradables y otros, muy dolorosos, como la muerte de su abuela Lupita.

La discusión de sus padres provocó en ella sentimientos encontrados, que le llevaron a revivir tantas cosas.

Lloró amargamente por no poder hacer nada por su madre, sabía que vivía violencia psicológica, lo había leído y hasta cierto punto, la violencia familiar por cuanto a los reclamos o la manera en que su padre a veces se dirigía hacia Albert y hacia ella, le dolía.

Su rabia contenida, laceraba su corazón y su alma. Sabía que podía interponerse entre ambos, pero su padre respondería aún peor. Reconocía que, al intentar entrometerse entre la pareja, generaría mayores problemas entre sus padres por eso, por la noche, optó por irse a su recámara, escuchar las agresiones entre ellos, no resultaba agradable.

El recorrido hacia su escuela, había terminado. Dejaron a Albert en la universidad y por último, su padre la condujo a la preparatoria en donde estudiaba. Ella bajó del transporte y se introdujo en la institución educativa.

Gilberto continuó su marcha hasta que la vio perderse en el interior de la escuela.

Alison entró al salón, era la segunda en llegar, ya había llegado su compañero Leonardo, él se dirigió a ella amablemente diciéndole:

_ ¡Hola Aly! ¿Cómo estás? ¿Terminaste la tarea?

_ Sí amigo, me dormí tarde, pero lo logré. Ya sabes que a mí me encanta el arte. Quiero estudiar Historia del Arte. Es algo que me apasiona.

Contestó Alison, pero con la voz un tanto apagada, ante lo que Leonardo le dijo:

_ Aly, amiga ¿Te pasa algo? Te noto triste.

Alison le respondió:

_ Estoy bien Leo. ¡No te preocupes! Es sólo que estoy desvelada (dijo la joven en un tono de voz un tanto apagado).

Leonardo le replicó:

_ Amiga, sé que no estás bien. Algo tienes, tú no eres así. Tu mirada está triste, una cosa es estar desvelados, y otra muy distinta que estés así, decaída, triste, preocupada. Algo te pasa. Si te sirve de algo, ¡aquí me tienes, para eso somos panas!

El joven, le habló con sinceridad y al mismo tiempo con preocupación. Alison se le quedó mirando y sus ojos se llenaron de lágrimas, al tiempo que le contestaba:

_ ¡Tienes razón, no estoy bien, no he estado bien, sonrío, trato de que no se den cuenta de mis emociones, intento cubrir mi dolor con mis risas, mis alegrías, o todo lo que se me ocurra, oculto aquello que me lastima. Tengo muchos problemas en casa, mis papás discuten demasiado.

Anoche pelearon por una tontería, pero no me gusta verlos discutir. Mamá es más cuidadosa, pero anoche, se defendió de papá. Ya era hora de que hiciera algo. Pero... ¡no sé por qué te digo esto!

La joven, contrariada le dijo:

_ No sé por qué te lo comenté. No debí decirte nada. Son mis problemas, es mi familia. ¡Discúlpame!

Dijo la joven un tanto apenada, y al mismo tiempo con lágrimas en los ojos.

Leonardo le contestó:

_ No te preocupes amiga sabes que puedes contar conmigo. Pero después seguimos platicando, ya están llegando los compañeros. Limpia tus ojos, anda, que no te vean así (estirando la mano y dándole un poco de papel higiénico que sacó de la bolsa de su chamarra).

En el receso vamos al jardín y allá platicamos ¿te parece?

La chica asintió, estaba dispuesta a conversar con Leonardo, necesitaba ser escuchada, quería sacar de su corazón todo aquello que le lesionaba, que traspasaba su alma, quería sanar las heridas que ya tenía y eran profundas, era importante aligerar esa carga que no la dejaba en paz, y ahí estaba él, el chico de su clase, el más aplicado, el que siempre procuraba cumplir en todo, era el mejor promedio del salón.

El joven estaba presto para escucharla. Él era alto, delgado, de piel clara, con el cabello ondulado y castaño obscuro, de cara alargada, pestañas grandes y rizadas, de nariz afilada y labios delgados, de cejas espesas, de un carácter muy agradable, siempre andaba muy alegre, caía muy bien a todos los compañeros del salón y a muchos de la escuela, ya que era muy popular.

Portaba un pantalón de mezclilla azul y una playera color negro, con una chamarra de mezclilla que hacía juego con su pantalón, traía puestos unos tenis negros, impecables, además de un aroma a perfume muy agradable. Alison supuso por el aroma que era Gucci, pues era muy parecido al de su hermano y que a ella le gustaba mucho.

Él estaba ahí con ella, llegaron temprano a clases. Y eso, había permitido la posibilidad de platicar unos minutos.

Los compañeros empezaron a llegar al aula.

Cada uno iba saludándose, dejando sus mochilas en las mesas de trabajo, algunos empezaban a hacer sus grupitos para platicar mientras se llegaba la hora de inicio de labores escolares.

La maestra de pensamiento matemático llegó para dar su clase, fue muy amena, a pesar de que las matemáticas no eran el fuerte de Alison. Su docente era muy hábil para hacer que sus alumnos entendieran la clase y a la chica, le agradaba cómo les conducía para llegar a la comprensión de los contenidos temáticos.

Al terminar su clase, Yessica, una de sus compañeras, se acercó a ella y le dijo en voz baja:

_ Oye ¿y cómo vas con aquello? No me has platicado cómo te has sentido. ¿Me hiciste caso? _ Preguntó Yessica a Alison.

_ Sí, lo he hecho. ¡Lo sabes, no te hagas, ya tengo varios meses! Ya te lo había dicho _ mencionó Alison.

_ Pues quiero asegurarme de que estés bien, de que te liberes de todas las broncas que tienes en tu cantón.

Dijo la joven.

Yessica es una chica de cara redonda, cabello completamente rizado, negro, pero se le veía grasoso, morena, de ojos grandes, negros e inexpresivos, pestañas rizadas, en las mejillas se le hacen hoyuelos al sonreír, manos grandes y ásperas y de aspecto corpulento.

Había iniciado amistad con la chica, desde iniciado el primer semestre, cuando Alison, al acercarse a ella, que siempre estaba aislada del resto del grupo, le ofreció su amistad. Las adolescentes, empezaron a conocerse. Alison hizo que la joven se relacionara con los demás. Yessica se mostró más amable con sus compañeros, aunque generalmente sus reacciones eran impulsivas, a veces era tosca, lo que no era del agrado de la mayoría de los estudiantes de su aula.

Alison había logrado que Yessica fuera partícipe de muchas actividades en el salón, pues si no fuera por ella, seguramente, los compañeros no la considerarían y además, no iría a clases, ya que así se lo había hecho saber a Alison, pues en la familia de Yessica se gestaban problemas muy fuertes. Su madre, era drogadicta y el padre de la joven tenía un pequeño puesto de frutas y verduras del que les proveía para solventar sus necesidades, se colocaba para venderlas, en un área fuera del mercado de la población y sólo por ciertas horas.

La madre de Yessica no apoyaba a su esposo en el puesto, se quedaba en casa, pero se daba sus espacios para poder drogarse, lo que la mantenía en descuido de su hogar, de su esposo, de su hija y todo lo que significaba la responsabilidad de un hogar.

Yessica, vivía de manera fortuita la situación de su familia, con emociones y sentimientos encontrados, su madre drogadicta, la había incitado a probar en algunas ocasiones de las drogas que ella consumía. Había usado en algún momento, cocaína, cristal y tabaco, pero su padre se había percatado de esto y le llamó fuertemente la atención. La señora no tenía conciencia del gran daño que provocaba a su hija. La mujer, no se dejaba ayudar, fumaba y tomaba de manera incesante, además de los diferentes estimulantes que empleaba. La situación de Yessica era sumamente compleja.

La chica se dejó ayudar por Alison para tener aceptación en el grupo, pero fue ésta quien indujo a Alison a que se iniciara en el *cutting*, para Yessica, la autolesión era una forma de mitigar sus problemas, su soledad y las cosas que vivía a diario en su hogar.

La madre de la joven no le hacía caso, ni a ella ni a su esposo, el padre había intentado apoyarla, enviándola a un centro de rehabilitación, pero no tuvo éxito.

La situación de la compañera de Alison era realmente abrumadora.

Alison había escuchado a Yessica, en sus pláticas iniciales sobre las problemáticas que tenía.

Cuando ambas ganaron su confianza, Alison le platicó sus problemas, por lo que Yessica no dudó en decirle lo que ella hacía para olvidarse de todo.

Era la autolesión la que aparentemente atenuaba sus conflictos internos, sin embargo, no sabía que lo que realmente estaba haciendo era una autodestrucción. Yessica se había iniciado en esto desde la secundaria cuando un "amigo" de su madre, abusó de ella sexualmente. Sucedió cierto día en que al salir de la escuela y llegar a casa, su madre estaba dormida, había bebido demasiado, llevó a "su amigo" a su propio hogar. Él, esperó ahí en casa de Yessica, sabía que la niña tenía que llegar, y fue como aprovechó para abusar de ella.

Yessica le dijo a su padre sobre lo sucedido. El hombre discutió con su mujer, interpuso una denuncia por abuso sexual hacia su menor, ante el Ministerio Público. El agresor, fue remitido a la cárcel. La madre, fue internada en un centro de rehabilitación. Sin embargo, una vez pasado el tiempo, salió, en aparente recuperación, pero no fue así. Volvió a recaer.

El padre de Yessica se encargó de la niña desde ese tiempo, pero no ha podido hacer que supere el abuso sexual. Por lo que Yessica, sin recibir la atención psicológica correspondiente, ha hecho el intento de "olvidar" a su manera.

Cuando el padre de Yessica descubrió la situación de su hija, intentó apoyarla, pero abandonaron las terapias ante la falta de recursos económicos, y por falta de tiempo para llevarla a sus citas.

La madre continúa en su mundo, sumida en las drogas, y arrastrando a su hija, a un universo en el que, de no actuar a tiempo, puede resultar completamente desastroso para la vida de toda la familia.

Alison, por su parte, continuaba con la amistad de Yessica, ésta había logrado influenciarla para que se automutilara, le dijo cómo hacerlo. Le había comentado que de esa manera descargaba sus sentimientos y emociones, la ira, el odio, su frustración, ante lo que había vivido. De esa forma confrontaba su dolor, su soledad, el abandono en el que se encontraba.

Alison poco a poco, fue involucrándose más y más en amistad con Yessica, ambas, se iban en el receso, a lo más lejano de la escuela para realizarse sus mutilaciones. Al principio, Alison, no quería hacerlo, le costaba trabajo pensar que estaba haciendo lo que, en algún momento, en una exposición de clase en la secundaria, había manejado: el *cutting*, ella había estado en contra de esto y ahora, era presa de lo que no le gustaba, pero hoy era distinto, encontraba satisfacción en lo que hacía.

Ya tenía varios meses de haberse iniciado en este problema.

Alison creía que realmente le liberaba de sus problemas.

Sabía que estaba haciendo mal, pero le estaba agradando tener esas sensaciones en su cuerpo. Alison era vulnerable, los problemas en casa, la habían arrastrado a hacer algo con lo que no comulgaba, pero que ahora, estaba ahí.

La chica no se percataba de las repercusiones e impacto que estaba teniendo con este tipo de conducta.

¿Nos vamos en el receso a seguir con lo nuestro? Comentó Yessica.

_ No amiga, ¡gracias! iré con Leonardo, en la mañana me invitó para ir al jardín de la escuela _ expresó Alison.

Mientras que Yessica mencionó, en tono burlón:

_ ¡Woooooraleeeee! Con que esas tenemos ¡ehh! Ok. Solo que ya sabes, no digas nada de nada. (Dijo la joven levantando la mano a la altura del pecho, con el puño cerrado y con el dedo pulgar hacia arriba y apuntando hacia Alison).

El horario escolar, se fue cumpliendo. Llegado el momento del receso, Alison y Leonardo se encaminaron al jardín de la escuela, era amplio, con jardineras que permitían que los estudiantes pudieran sentarse a platicar, o a disfrutar de sus alimentos durante el receso, según sus horarios.

Una grande y hermosa fuente de cantera, dejaba brotar el agua cristalina, adornando de manera sutil ese jardín que se visualizaba como algo único y especial.

Los jóvenes avanzaron hacia una parte más alejada de las jardineras que contenían rosas de diversos colores, buganvilias, y gran cantidad de palmas de todos tamaños. Embelleciendo aún más el espacio físico de ese plantel, había árboles frutales, algunos frutos de pera, estaban contenidos en los grandes árboles y comenzaban los tejocotes con su color amarillo característico, y que, al denotarlos, se antojaban en un delicioso ponche o en almíbar.

Había un prado, con pasto recién cortado, y cuyo aroma se dejaba esparcir de manera deliciosa, los árboles proporcionaban una agradable sombra, a esa hora del medio día. Las flores que había por todos lados destacaban y daban un toque mágico a ese lugar, a pesar de que ya era otoño, se empeñaban en seguir floreciendo.

Leonardo, hizo uso de la palabra y dirigiéndose cortésmente a Alison le mencionó:

_ Aly ¿hasta dónde quieres que vayamos a sentarnos?

La chica contestó un tanto tímida:

_ Pues donde tú digas.

_ Ok. Pues vamos a ese árbol _ dijo Leonardo, señalando un frondoso sauce, que estaba cerca de ellos.

Se encaminaron al árbol, una vez ahí, se sentaron, y Leonardo, invitó a sentarse a Alison, en el verde pasto, ayudando a la chica a acercarse a él y a sentarse, al tiempo que el joven decía:

_ Anda Aly ¡ven! ¡siéntate aquí! (Señalando el lugar donde deseaba la chica estuviera).

La joven se sentó, acomodándose cerca del chico.

Él se quitó su chamarra y la colocó para que Alison pudiera sentarse. Fue un gesto que Alison no esperaba.

La adolescente dijo:

_ ¡Gracias Leo! Y bien, ¿de qué quieres hablar?

El joven, muy directo le expresó:

_ Aly, me he percatado en estos días que has estado como ausente, tu mirada es muy triste, sé que tienes algo. No creas que no me doy cuenta. Sabes que te aprecio mucho, pero también he notado que la amistad que tienes con Yessica, no te está llevando a nada bueno. A leguas se nota que te controla. ¿Qué tienes?

¿Te puedo ayudar? No me gusta verte así. En verdad, eres una niña muy linda, en todos sentidos. Me preocupas amiga. Puedes confiar en mí, te lo aseguro. Sea lo que sea, tú dime. ¿Qué puedo hacer por ti?

Alison contestó:

_ Gracias ¡Leo! No te preocupes. En verdad, estoy bien.

Leonardo le contestó:

_ Sabes que no es cierto Alison. Tú tienes algo y no me quieres comentar. No te obligaré a decirme nada que no quieras ¿ok?

La chica apuntó.

_ Está bien Leo, te comentaré. Pero dame unos minutitos, por favor. Deja me calmo. Ok.

La chica estaba dispuesta a hablar… ese era su momento, tenía que expresar lo que sentía, lo que le lastimaba profundamente, era tiempo de sanar las cicatrices de su alma y que lastimaban su corazón, así que respiró profundamente. Cerró los ojos unos instantes, y poco a poco fue exhalando. Era su momento, debía hablar y aligerar su carga emocional.

Informarse sobre el abuso sexual infantil y evitarlo es responsabilidad de todos.

Evitemos situaciones como la de Yessica.

https://www.gob.mx/difnacional/articulos/sabes-que-es-el-abuso-sexual-a-ninas-y-ninos?idiom=es

Una de las acciones más deplorables que puede realizar un ser humano, es abusar de otro, y mucho más cuando de los niños o adolescentes se trata.

CAPÍTULO IV

EL *CUTTING* Y YO

Los jóvenes estaban sentados bajo el árbol, era el medio día.

Antes de irse a receso, tuvieron sus clases de Arte. A Alison le tocó exponer un tema sobre Miguel Ángel y Leonardo Da Vinci. De Miguel Ángel, habló sobre los frescos de la capilla Sixtina, y de Da Vinci, sobre su obra destacando a la Mona Lisa. Su exposición realmente fue impactante. Parte de esto, Alison, lo había tenido muy presente en sus remembranzas, en la noche anterior, justo después de que sus padres pelearon.

Miss Marcela su profesora de Arte, la felicitó por tan buen trabajo.

Al terminar la sesión, Leonardo la esperó y se encaminaron al lugar acordado.

Alison, tomó aire. Inhaló y exhaló, después de esto, emitió un profundo suspiro, diciendo:

_ ¿Sabes Leo? Tienes razón, no estoy bien, me han pasado muchas cosas. Te diré que vengo arrastrando gran cantidad de situaciones. Yo tenía tres años, cuando mi abuela materna murió, yo la quería mucho y he de decirte que hoy desearía tenerla conmigo. Era muy amorosa. Pero, no se puede. Ya no está aquí conmigo. _ Dijo la joven con desesperanza.

En la primaria, mis compañeras, se burlaban de mí. Desde primero hasta sexto. Pero nunca les dije nada a mis papás. Todo esto me lo callé. Siempre lo guardé para mí.

Debí decirles, pero no lo hice. Me hicieron *bullying* por mucho tiempo, me decían que los maestros me regalaban calificaciones, porque mi papá es Policía, y porque mi mamá siempre andaba bonita y que yo era la niña rica.

Pero… no es verdad, no tenemos dinero, vamos al día como cualquier familia trabajadora.

Mis compañeras abusaron siempre de esto, diciéndome cuanta cosa. Me empujaban, me rayaban los cuadernos o los libros. Me robaban mi dinero, o mis pertenencias. ¡No sabes lo que es esto! Tampoco se los comenté a mis maestros. Hasta en sexto grado, miss Pili, fue quien se percató de esto y puso en su lugar a mis compañeros. Platiqué con ella, fue muy tierna conmigo. Me abrazó en cuanto supo lo que yo había pasado, platicó mucho conmigo. Siempre estuvo pendiente de mí. De ella, puedo decir que es una maestra muy dulce y comprensiva. Es una de las mejores maestras que he tenido. La quiero mucho, a pesar de que tiene bastante tiempo que no la veo, siempre la tengo presente.

Por ella es que pude superar un poco todo lo que yo había vivido a lo largo de esos años.

Dijo la joven, mientras Leonardo, la escuchaba atentamente y sin interrupciones.

_ En la secundaria, las cosas cambiaron, me llevé mejor con mis compañeros, y aparentemente yo estaba bien, pero cuando estaba en tercero, mis padres empezaron a pelear. Papá es muy celoso. Mi papá no está bien. Esto me ha causado mucho conflicto. Me desespera verlos pelear. No soporto que estén así.

Intenté hablar con mi padre, pero no se presta, termina regañándome, no hay manera de que yo pueda hacer algo.

A mi hermano Albert, apenas y le hace caso, él ya se le ha plantado y defiende a mi mamá, o le habla fuerte a papá para tranquilizarlo cuando llega agresivo; mi mamá hasta hace poco se le ha ocurrido contestarle a papá porque todo el tiempo se le ha ido en llorar cada vez que papá le dice algo.

_ Y es que mi papá de todo se queja.

Mencionó la joven.

_ Por la comida, que no está hecha, por la limpieza de la casa, que le faltó sal o que se le pasó a la comida..., que no lo atiende. En fin, cualquier pretexto es bueno para pelear, lo peor de todo es que lo hace más cuando toma.

Mi padre no tomaba y si lo hacía, era muy tranquilo, pero como te digo, de un tiempo hacia acá, se la ha pasado haciendo y diciendo cuanta cosa a mi mamá.

El joven la interrumpió para decirle:

_ Alison, amiga, agradezco la confianza que me has tenido, me sorprende lo que me dices, creí que las cosas no eran tan graves. No pensé que estuvieras pasando por todo esto.

Creo que sería bueno que tomaran una terapia familiar para arreglar sus problemas. Recuerda que las dificultades de nuestros padres, son de ellos, no de nosotros. Pero también entiendo que muchas cosas escapan a nosotros.

Amiga, no sé cómo has podido con todo esto, te escucho y me asombra lo que me dices.

En realidad, nuestros padres pelean y no se dan cuenta que nos afectan, creo que lo más sano, cuando ya no hay manera de arreglar las cosas, es separándose, así cada uno vive tranquilo.

¿Sabes? No hemos tenido oportunidad de platicar, pero mis padres son divorciados. Los dos son médicos, pero papá debido a su especialidad, frecuentemente es llamado a otros hospitales en el país o en el extranjero.

Mi papá es muy reconocido en su ramo, él es oncólogo. Mis padres tienen un trabajo muy absorbente.

No he tenido oportunidad de estar con ellos desde mi niñez, ya que siempre han estado trabajando, constantemente están ocupados, pero cuando podíamos estar juntos, lo hacíamos con mucha alegría.

¿Sabes? He estado bajo el cuidado de mi nana, ella es como mi madre. Me ha criado desde que nací; quiero mucho a Irina, ella así se llama.

Irina ha hecho de mí lo que soy ahora, y creo que no se ha equivocado, a pesar de ser una mujer sencilla, sus valores y el amor que me tiene, son los que me han sacado adelante. Mis padres están pendientes de mí, aunque sea por vía telefónica, cuando tienen oportunidad de hacerlo.

Mi madre es cardióloga. Trabaja en la Clínica de Especialidades Médicas de aquí. Pero casi no la veo. Tiene mucha gente.

Ellos se separaron desde que yo tenía ocho años. Sus tiempos no coincidían, así que fue una separación voluntaria. Ya no tenían manera de restaurar su matrimonio. Pero nunca los vi pelear. Tuvieron cuidado de no hacerlo delante de mí. Hoy sé que, si hubo un divorcio, fue porque los problemas fueron fuertes, y ya no pudieron o no quisieron hacer algo para recuperar su unión, y lo entiendo. Me costó trabajo, pero Irina, me ayudó mucho.

Amiga, no sé qué habría hecho si ella no hubiera estado conmigo. Tal vez alguna de mis abuelas me habría cuidado. No lo sé.

Alison lo escuchaba con atención, pero interrumpió la conversación de Leonardo.

_ Leo, gracias por confiarme tu vida, sé que no es fácil para nadie estar así. ¿Sabes?, creo que soy yo quien no sé autorregular mis emociones. O quizás, como dices, necesito ayuda psicológica.

La chica continuó platicando con Leo, ambos abrieron sus corazones y dialogaron por largo rato.

El timbre de retorno a clases se dejó escuchar, pero ninguno de los dos, hizo el intento por levantarse e ir a las siguientes sesiones. Continuaron platicando. Habían encontrado el momento oportuno para establecer esa dialéctica que les estaba acercando. Confiándose sus problemas personales.

Un par de adolescentes. Leo de 17 años y Alison de 16. Él se mostraba muy seguro de sí mismo, era un chico con un gran equilibrio emocional. Platicar con él, le estaba resultando muy reconfortante.

En esos momentos, el calor del día estaba intenso, así que Alison se quitó su chamarra. Ella traía puesto un pantalón de mezclilla azul, una playera en color negro, de manga corta con el estampado de un rarámuri, un hombre regio que mostraba las señales de la edad, pero, sobre todo, la grandeza de su raza. Era una playera que una amiga de su madre le trajo como recuerdo de un viaje que realizó a la Sierra de Chihuahua, y a ella le gustaba mucho la playera. Así que disfrutaba usarla.

A Alison se le olvidó que no estaba sola, así que Leonardo, se percató de inmediato que los brazos de Alison estaban sumamente marcados, al tiempo que le dijo sorprendido y muy preocupado.

_ Alison, ¿qué te estás haciendo amiga?, no va por ahí, hermosa. ¿Por qué así?

Al instante, Leonardo la abrazó y tuvo una gran necesidad de protegerla.

En esos momentos, él hubiera querido borrar todo eso. Los brazos de Alison estaban sumamente dañados, algunas cicatrices eran apenas perceptibles, lo que indicaba que ya tenían mucho tiempo y que ya se estaban borrando, pero otras, eran recientes, y ahí estaba la que se hizo ese mismo día por la mañana durante su baño. Esa cicatriz, era la madre de todas, estaba más gruesa, más profunda. Muchas de esas cicatrices tenían costras de diferentes tamaños. Realmente, a Leonardo le impactó mirar lo que había ahí.

Eran líneas marcadas, que denotaban el pesar de la joven.

El chico le dijo:

_ Alison, no me gusta esto que estás haciendo. ¿Es Yessica verdad?

Cuestionó con fuerza, el joven.

_ No me digas que no, porque ella también lo hace, y sabes que no es nada discreta.

El joven, inquisitivo apuntó:

_ Yessica ha sido una mala influencia para ti, ahora entiendo por qué tanta amistad con ella, ahora sé por qué durante el receso, se venían hacia esta zona. No se me hace justo que te estés mutilando de tal forma.

Ella no tenía ningún derecho para influenciarte de esa manera. ¿Por qué lo has hecho amiga?

Alison, se desprendió de los brazos de Leonardo, ya sus lágrimas asomaban en sus ojos. Él se había dado cuenta sin querer de lo que ella estaba haciendo en su cuerpo. Ya no podía ocultarlo.

La chica, con gruesas lágrimas que se desprendían de sus ojos y con un nudo en la garganta dijo:

_ Leo, no sé cómo he caído en esto, yo no estaba de acuerdo con este tipo de cosas, pero siento un gran alivio cuando lo hago. Créeme que, al principio, lo dudé, me dolió. Pero poco a poco, me fui enganchando, y más que esto, creo que es la forma que he encontrado para sacar mi dolor, mi rabia, mi impotencia ante la situación que vivo en casa, también creo que "solvento" mis necesidades humanas, pues el cortarme, me relaja, al menos, así lo he sentido, es mi refugio, puedo descansar de lo que traigo dentro de mí.

Leonardo, era muy inteligente, se percató de manera inmediata de toda la situación alrededor del *cutting* que estaba haciendo de Alison, su presa. Ella había caído en la mutilación de sí misma.

Yessica era otro tipo de persona, su situación era más compleja, así que se mostraba con los compañeros, huraña, rebelde, grosera, retraída, muchas veces, sin el cuidado higiénico de sí misma.

Las sudaderas con gorra, para cubrir su descuido eran frecuentes, regularmente. Su madre en casa, recurría a los golpes e insultos para dirigirse a ella. Yessica había sido violada, y no recibió tratamiento alguno. La vida de la joven era muy difícil, su mundo era totalmente distinto al de Alison.

Pero... Alison fue fácilmente influenciada por Yessica, de eso, no había ninguna duda. Lejos de que Alison influyera de manera positiva en Yessica, fue ésta quien la manipuló para hacer lo incorrecto.

La madre de Yessica siempre había estado ausente, por su problema de drogadicción. El padre trabajando en el puesto de frutas y verduras, para llevar el sustento a casa, casi no tenía tiempo para estar al pendiente de ella.

Los padres de Alison, desde tiempo atrás, cada uno en su trabajo y en sus discusiones que eran cada vez más frecuentes. La madre, ocupada con la venta de sus productos de belleza.

El padre, en la Comisaría Municipal relevando turnos. Y los fines de semana libres en el béisbol, además de tomar con los amigos.

Alison reconocía que sus padres debían hablar, para arreglar sus problemas, pero esto escapaba de sus manos. La realidad de la joven era distinta. Sabía que podía salir de esa situación, empoderarse, salir de su problema, mediante ayuda psicológica, podría hacerlo, y había pensado en buscar ese apoyo. Deseaba estar bien.

La joven tenía muchas ganas de superarse, de estudiar Historia del Arte.

En esos momentos, Alison estaba con ese joven que se había ofrecido a escucharla, y platicar con ella, ambos compartieron sus problemáticas. Los jóvenes continuaron charlando. Leonardo mencionó:

_ Alison, sé que las cosas no son fáciles, pero déjame ayudarte, puedo pedirle a mi mamá que nos recomiende a una psicóloga, estás a tiempo, eres una niña muy lista. No quiero que sigas destruyéndote amiga. ¿Sabes? ¡Me importas mucho Aly!.

Dijo el chico, mientras la miraba fijamente a los ojos.

Ella un tanto nerviosa le contestó:

_ ¿En verdad te importo?

_ ¡Claro que sí! _ mencionó el joven.

La chica sonrió ligeramente, sonrojándose.

_ ¡Gracias Leo! _ dijo la adolescente.

Mientras él la miraba embelesado. A Leonardo le atraía la chica, pero nunca se lo había mencionado. Y ese momento, no era el adecuado para decírselo. Sólo le dijo que le importaba, y era suficiente. Leonardo comentó:

_ Aly, no te quiero ver cerca de Yessica por favor, no es por mala onda, pero no me agrada que te haya hecho esto. En verdad, no puedo perdonarle. Sé que la chava está en una situación bien gruesa, pero por favor, aléjate de ella.

¿Podrás hacerme caso? No te digo que le dejes de hablar, pero trata de poner barreras. También necesita ayuda, pero... no se deja apoyar. No pone de su parte. O tal vez me equivoco, pero... su familia debe hacer algo por ella.

Yo hablaré con la trabajadora social y nuestro tutor, para que la canalicen. No puedo dejar que siga influenciándote. No me lo tomes a mal, pero eres tú la que me interesa y esto no me lo callaré.

Alison sabía que no podía decirle que no a su amigo, así que asintió:

_ Está bien Leo, no te preocupes. Entiendo. Y gracias por apoyarme, y por hablar también por Yessica. Después de todo, me cae bien. Es otra víctima de las situaciones que vivimos muchos jóvenes. ¿Sabías que ella fue violada por un "amigo de su madre"?

Comentó Alison y prosiguió:

_ El "amigo", fue encarcelado, su padre levantó la denuncia y procedió, pero ella no recibió el apoyo psicológico que requería para superar ese trauma. Su papá tenía que trabajar, su madre... sólo vive para dormir, y levantarse a drogarse día a día. La situación de Yessica es muy fea.

El joven, la veía con incredulidad, pero al fin dijo:

_ ¡No puede ser! Ahora entiendo, su situación, no lo sabía, pero agradezco que me lo confíes. Razón de más para hablar con el maestro Francisco y con Areli, la trabajadora social, para que hagan algo por Yessica. Pero a ti, ya te dije que le pediré a mi mamá que nos ayude. ¿Ok? Sólo déjate ayudar. Que estarás bien.

Se dieron un tierno abrazo. Habían pasado dos horas, ya era momento de la salida de la escuela. Debían regresar al salón por sus útiles escolares. Así que Leonardo expresó:

_ ¿Nos vamos?

En ese momento, se levantó del césped dándole a Alison la mano, para ayudarla a levantarse. Se encaminaron al salón por sus cosas. Los compañeros, generaron expresiones de sorpresa, gritos, y todo cuanto se les ocurrió a los estudiantes, en cuanto los vieron llegar, como es normal, en los chicos de esa edad y escolaridad.

Los jóvenes salieron de la escuela, encaminándose a sus hogares. El día en la escuela, había terminado. Fue un día muy provechoso para Alison. Había sido muy agradable platicar con su compañero. Se había sentido muy bien, como si un gran peso se le hubiera quitado de encima.

Leonardo acompañó a Alison para tomar el taxi que le conduciría a su hogar. En el recorrido, fueron platicando de varias cosas, en las que ambos coincidían, como por ejemplo, su gusto por la música, el arte, entre varias cosas más. Sólo caminaron hasta la salida de la escuela, ya que ahí había una base de taxis que les facilitaba el acceso a la escuela, o en donde los jóvenes tomaban el servicio para sus hogares.

Alison, subió al taxi, auxiliada por Leonardo, quien le abrió la puerta del transporte. Se acomodó en el asiento trasero. Se sujetó el cinturón de seguridad. Leonardo le dio un beso en la mejilla, y enseguida, cerró la puerta. Mientras, el chofer preguntaba a dónde la llevaría. Ella le dijo hacia dónde se encaminarían.

El transporte emprendió la marcha. Mientras en el recorrido a casa, la joven, recordaba con agrado, su conversación con Leonardo. Estaba tranquila, contenta de haber expresado lo que había en ella. Sabía que no era la mejor forma de que Leonardo se hubiera enterado, pero ya lo sabía. Y no podía dar marcha atrás.

El joven había ofrecido hablar con su madre para ayudarla, ella realmente quería hacerlo. Deseaba salir de ese espiral donde había caído y en el que sentía que se hundía cada vez más.

Los ojos de la chica, se perdían, iba sumida en sus pensamientos, mientras el taxista, había colocado una música que, a la joven, le había llamado la atención.

El transportista, la miró por el retrovisor, diciéndole:

_ ¿Se siente bien señorita? ¿Le molesta la música? Si gusta la quito.

Ella le contestó:

_ No, déjela, está bonita. Muchas gracias.

El taxista le dijo:

_ Disculpe que me meta en lo que no debo señorita, pero se ve que algo le pasa. ¡Ánimo, todo tiene solución, menos la muerte!

¡No le molestaré más señorita, ánimo!

Y continuaron su camino. Alison, sólo mencionó:

_ ¡Le agradezco mucho!

Durante el recorrido, Alison escuchaba la música que el chofer puso. A Alison, le agradó mucho, pero esa misma música, por la belleza de la letra, le hizo llorar, por primera vez en mucho tiempo, estaba escuchando realmente el mensaje de las canciones que, iban saliendo una a otra, como si el señor del transporte, supiera exactamente, que esa música era la que necesitaba para fortalecerla o para hacerla llorar más.

Sólo sabía que la estaba disfrutando mucho, a pesar de que no era precisamente para la edad de la adolescente, pues los jóvenes tienen otros gustos. De pronto, el transportista, brincó las melodías a algo más de la época de la joven con un mensaje que hizo que la joven detuviera sus pensamientos y atendiera lo que el audio dejaba escuchar al tiempo que sus lágrimas salían lentamente de sus hermosos ojos negros.

Durante el recorrido ella, estaba ensimismada en sus cavilaciones. Pero, había vivido hermosos momentos y esos, los guardaría siempre en su corazón.

Llegaron a su hogar en un lapso de 20 minutos de recorrido, ella pagó al taxista por su servicio y entró a su casa.

Albert, ya había llegado. La comida estaba hecha, su madre, regresaría tarde de la reunión.

Así que Albert y ella, calentaron la comida y se dispusieron a comer.

Después de disfrutar de sus alimentos, de tomar un ligero descanso y de lavar los trastes que ensuciaron, ambos se fueron a sus recámaras para hacer sus tareas. Los dos coincidieron en que no querían desvelarse.

Alison pensó en decirle a Albert lo que había ocurrido con Leonardo, pero no lo hizo. Su hermano tenía mucho trabajo y ella también. Así que no dijo nada.

Cada uno, hizo lo propio con las actividades escolares.

Las horas pasaron, y con ellas, la noche. Afuera, el viento iniciaba nuevamente su recorrido, con sus peculiares ruidos.

La madre de Alison llegó cerca de las 10:00 de la noche. Los jóvenes ya estaban descansando. Ambos se apuraron con sus tareas, para dormir temprano.

Anya pasó a las recámaras de sus hijos, deseaba verlos, aunque estuvieran dormidos.

En la recámara de Alison, se dirigió a ella, y le besó la mejilla, diciéndole:

_ Ya llegué mi amor, descansa. ¡Te amo!

Alison no sintió a su madre. Había pasado una mala noche. Y deseaba dormir. Anya salió de la recámara, y se encaminó a la de Albert. Él también estaba profundamente dormido. Su día había estado muy pesado.

_ ¡Duerme mi niño hermoso. Dios te bendiga! ¡Te amo hijito, descansa!

Dijo Anya a Albert.

Ese día, Gilberto cubría guardia, así que no llegaría a casa, hasta el día siguiente.

Anya se fue a descansar, le tocaba llevar a los jóvenes a la escuela al día siguiente, así que se fue a dormir, para levantarlos y poder llegar a tiempo.

Madre e hijos, descansaron apaciblemente durante esa noche no hubo nada que les atormentara. Eso causó gran alivio a Alison.

Para tener un mayor contexto sobre el *cutting*, consulta el código QR.

https://institutoneurociencias.med.ec/blog/item/15021-sindrome-cutting-adolescentes-autolesiones

La música que puso el taxista durante el recorrido de Alison de la escuela a su casa aparece en este código. ¡Disfrútala!

https://www.youtube.com/watch?v=pBIjTISpF8E

Un mensaje con un personaje actual, en el intermedio de la música del taxista.

¿Quieres saber de quién se trata?

https://www.youtube.com/watch?v=O4f58BU_Hbs

Y las lágrimas de Alison afloraron con esta bella canción.

https://www.youtube.com/watch?v=ScBrg_yVetg

Cuando el dolor es muy grande, y nadie te escucha,
el refugio puede ser el incorrecto

CAPÍTULO V

ENTRE LA VIDA Y LA MUERTE

Al día siguiente, Anya se levantó temprano, realizó el desayuno, preparó el lunch que habrían de llevar sus hijos a la escuela, les habló para que se apuraran a arreglarse, desayunar y poder salir hacia la escuela.

Todos apurados salieron lo más pronto posible. En el camino, platicaron de algunas cosas que realizarían el fin de semana. Era viernes y tanto Albert como Alison saldrían temprano. Sólo iban a tener clases las dos primeras horas ya que ambas escuelas, habían organizado una conferencia sobre los Derechos Humanos y sobre los Derechos de las mujeres y de las niñas y se realizaría en la institución de Alison, por la magnitud estudiantil, y las condiciones de espacio, se favorecía la recepción de los estudiantes, aunque se haría en dos momentos, para mayor facilidad.

Los miembros de la escuela de Albert se trasladarían en los autobuses de la escuela, por lo que no resultaba complicado el traslado.

La conferencia era sobre derechos humanos. Pero asistiría, un personaje importante de la Organización de las Naciones Unidas (ONU), por tal razón, la organización del evento resultaba sumamente interesante.

Era un día fenomenal, sobre todo, por la relevancia del contenido.

Albert llegó a su escuela, bajó del auto de su madre y se despidieron.

_ Nos vemos al rato madre _ dijo Albert.

Anya contestó:

_ ¡Cuídate mi amor!, nos vemos al rato.

Dando un beso en la mejilla a su chiquillo. Ella y la joven, emprendieron el camino hacia la preparatoria de Alison.

Al llegar a la escuela, también besó a su hija diciéndole:

_ Cuídate mucho mi muñeca. ¡Te amo!

_ ¡Yo también, mami! Dijo la joven, despidiéndose de su progenitora.

Alison se encaminó al interior de la escuela, mientras que su madre, se retiró.

Al llegar al aula, ya estaba ahí Leonardo quien ya la esperaba.

Ambos chicos, se saludaron.

Él se dirigió a ella, diciéndole, al tiempo que depositaba un tierno beso en su mejilla.

_ Hola Aly, ¿Cómo estás? ¿Cómo dormiste? ¿Descansaste bien?

Ella comentó:

_ ¡Sí Leo, muchas gracias! ¿Listo para la conferencia de hoy?

Cuestionó la joven.

_ ¡Sí, claro! Esperemos que todo sea fructífero, ¿no crees? _ dijo el joven.

Estuvieron dialogando de diversas cosas, mientras llegaban los compañeros, para incorporarse a su clase de Formación Cívica y Ética. El profesor ingresó al aula, pasó lista a los educandos, e inició su clase. Pasadas las dos horas, y después de trabajar el contenido temático, dio las indicaciones para dirigirse a la conferencia sobre Derechos Humanos y Derechos de las mujeres y de las niñas, en la que un miembro de la ONU, asistía directamente para dar la conferencia. Era un evento excepcional.

En el camino hacia el área donde estaría la conferencia, Leonardo caminaba al lado de Alison, y en ese traslado, le dijo a la chica:

_ Aly me vine temprano y he hablado con Areli la Trabajadora Social y con el Profesor Francisco para lo de Yessica, me comentaron que harán lo posible para canalizarla y pueda recibir la atención, pero antes, llamarán a su papá para hablar con él y puedan establecer los procesos correctos. Pero ya les tocará a ellos. ¿No crees?

Alison le contestó:

_ ¡Sí claro! ¡Gracias Leo! Eres muy lindo. Mencionó la joven esbozando una sonrisa.

Los jóvenes estuvieron en la conferencia, les resultó muy interesante por la temática y por la persona que se las impartió.

A Albert, le tocaría estar en el segundo momento de la plática.

Salieron de la conferencia y retornaron a clases de artes. Disfrutaron mucho en compañía de todos sus compañeros. Cada uno opinaba de la importancia de la conferencia. Exponían sus puntos de vista. Había sido para los adolescentes, una experiencia fantástica.

Afuera, la conferencia seguía para los otros jóvenes. Yessica, no había ido a la escuela, tampoco habían tenido información sobre ella.

Salieron de las actividades de aprendizaje del día. Albert, había pasado al salón de su hermana, para recogerla e irse juntos a buscar un taxi que les llevara a su hogar.

Leonardo, saludó a Albert, una vez que Alison los presentó.

Intercambiaron unas palabras y enseguida, se retiraron.

En el trayecto, Albert le preguntó a su hermana:

_ Oye Aly ¿te gusta Leonardo?

Cuestionó a su hermana, en un aire picarón. Él la adoraba. Haría cualquier cosa por ella. La joven se sonrojó al escuchar la pregunta de su hermano y sonrió al tiempo que le contestaba a Albert:
_ Hermano ¿por qué la pregunta?

Él le replicó:

_ Es que a él se le nota que le gustas, se le cae la baba, jajajaja.

Dijo su hermano riendo, ante lo que ella contestó:

_ No digas eso, me llevo bien con él, pero nada más.

Albert expuso:

_ Hermanita, te diré que, si debo elegir cuñado, ¡este chavo me cae bien, ehh! Pero eres tú quien decide el tiempo para tener a tu primer novio. No te apresures chaparra. Sabes que cuentas conmigo para todo. ¡Anda, vamos!

Dijo a su hermana, mientras ella le contestó:

_ Gracias Albert. Ya sé. ¡Te quiero mucho hermano!

Los dos emprendieron el camino a su hogar.

Al llegar a casa, su madre ya estaba ahí. Les había preparado un delicioso mole de olla, a Albert le gustaba mucho y tenía tiempo pidiéndoselo a su madre. Así que ella, le cumplió el antojo, a su hijo. Hizo también, arroz blanco con chícharos y zanahorias. Para ellos resultó un manjar. Ella tenía buen sazón y disfrutaban del sabor de la comida de Anya. Albert hizo agua de sandía, la favorita de Alison.

La joven puso la mesa y se dispusieron a comer.

Durante la comida, intercambiaron sus experiencias con respecto a la conferencia. A ambos jóvenes les agradó mucho. Anya disfrutaba de sus hijos. Ellos la hacían sumamente feliz.

Pasó el tiempo y por la noche, llegó Gilberto, pero llegó totalmente ebrio. Desde la entrada, dio un portazo, ingresó a su casa, aventando su mochila y pidiendo de cenar. Le gritó a su esposa, diciéndole que ella nunca lo atendía, que nunca hacía nada, que nunca atendía a sus hijos, que nunca lavaba la ropa... la palabra "nunca" no dejaba de pronunciarla durante todo momento.

Los jóvenes bajaron, aún estaban despiertos.

Gilberto no dejaba de gritarle a Anya, ella, intentaba calmarlo, pero no podía. Optó por dejarlo solo, evitaba seguir con la pelea, no quería continuar así y menos delante de sus hijos.

Les pidió a sus hijos que se retiraran, pero los chicos no quisieron dejarla.

Albert, intentó controlar a su padre, calmándolo, pero éste no se dejó, se lanzó contra el joven diciéndole que no se metiera, que él sólo defendía a su madre y que ya estaba bueno de tanto tapar a su progenitora, que nunca había sido una buena madre, ni una buena esposa.

Alison quiso hablar, pero su padre la empujó fuertemente, al punto de tirar a la joven, diciéndole que se fuera de ahí, que dejara de defender a su madre. La chica se levantó del piso y subió corriendo las escaleras llorando. Su padre la agredió y sintió que el mundo se le venía encima.

Alison se dirigió a su recámara, lloraba amargamente. Se lanzó a la cama gritando:
_ ¡Me quiero moriiiir!

Albert fue con ella y la abrazó diciéndole:

_ Cálmate hermanita, todo estará bien. Sabes que te quiero mucho. No permitiré que te haga daño Ok. Ni a ti, ni a mamá.

Alison se abrazó a él, llorando amargamente. Eso era lo que a ella le dolía. Las actitudes de su padre le lastimaban profundamente.

Ya no soportaba más, había llegado al límite de sus fuerzas. Su padre la empujó con violencia y la tiró al piso, eso no lo podía creer. Además de su madre, también ella fue agredida, no era la primera vez que lo hacía. Gilberto ya no se detenía, ya no pensaba.

Alison no podía controlar el llanto, su madre, subió a verla, mientras que Gilberto, estaba abajo, peleando y echando pestes hacia su esposa y hacia sus propios hijos. Estaba desquiciado totalmente.

Anya llegó con su hija, para calmarla, Albert estaba con ella, pero no había logrado controlarla. Anya abrazó fuertemente a Alison, diciéndole cuanto la amaba, pero ella, sólo decía que se quería morir, que ya no le importaba nada.

Anya habló con ella, por buen rato. Albert las dejó platicando, no sin antes darle un beso a su hermana.

Y diciéndole:

_ Todo estará bien hermana. No te preocupes. ¿Ok? descansa. Te quiero mucho.

Mientras tanto, Gilberto, seguía diciendo cuanta cosa se le ocurría. Ya nadie le hacía caso, pero no dejaba de vociferar contra sus hijos y su esposa.

Anya logró calmar a Alison. Le ayudó a acostarse, la tapó. Le dio un beso y la abrazó fuertemente diciéndole:
_ Descansa mi niña. Mañana será otro día.

Alison se quedó en su recámara, pero no pudo dormir, había pasado media hora desde que su madre había salido de la recámara. Se levantó y se dirigió al baño, se lavó la cara, mientras que miraba fijamente su rostro en el espejo. Sus lágrimas seguían. Se le veía muy vulnerable. Rápidamente tomó la navaja de afeitar que estaba ahí en su baño y que usaba para auto mutilarse y sin pensarlo se cortó sin dimensionar el daño que podía ocasionarse, al presionar con fuerza sobre las venas de su muñeca izquierda.

Cuando se dio cuenta, la sangre brotaba de manera intensa de su muñeca, acto seguido, al darse cuenta de lo que hizo, gritó fuertemente mientras la sangre le brotaba de manera abundante. Espantada, y sin dar crédito ante lo que hizo gritó con fuerza:

_ ¡Mamáaaaa!

Y llorando con desesperación alcanzó a decir:

_ ¡Me voy a moriiiiiiir!

Albert que estaba a un lado de la recámara de Alison, corrió al cuarto de la joven, ingresando al baño de su hermana, en donde la encontró tirada en el piso y con una cantidad considerable de sangre e intentando detener su sangrado.

Albert, le gritó a su madre, diciéndole: _ ¡Mamáaaa veeeen, mi hermana se lesionó!

Albert entró en pánico, pero rápidamente hizo un torniquete con una calceta de su hermana que estaba en la cama. Recientemente, él había recibido una clase de primeros auxilios que les dieron en su escuela, por tanto, supo qué hacer, él reaccionó de manera rápida, aunque la sangre, rápidamente se esparció por la calceta de su hermana. Lo importante era intentar detener el sangrado.

Anya llegó rápidamente y llorando, ayudó a su hijo. Mientras que le gritaban a Gilberto que estaba molesto por tanto escándalo, él no dimensionaba la gravedad de la situación hasta que Anya le dijo:

_ Gilberto, deja de decirme cuanta cosa, y marca a una ambulancia rápido o ven para llevarnos a la niña al médico. Ha perdido mucha sangre. Se cortó las venas. Pero apúrate, por favor. Mi niña se puede morir.

Dijo Anya llorando y muy nerviosa.

Gilberto anonadado y con la impresión de ver a su hija con sangre, la tomó en sus brazos y a pesar de estar borracho, le dijo a su mujer:

_ Vámonos, mientras llamo a la ambulancia, ya estamos allá.

Tomó a su hija en brazos y se dirigió a su carro. Todos subieron al transporte. Albert manejó, lo más rápido que pudo, hicieron 15 minutos en llegar a la clínica, para que Alison fuera atendida.

Anya se bajó del carro y se dirigió al personal de urgencias. Registraron los datos de la joven y rápidamente, la ingresaron al sanatorio.

Adentro, se movilizó el médico de turno con personal del mismo. Había que actuar rápidamente y valorar el daño que la joven se propició.

El torniquete que hizo Albert, había logrado controlar la sangre, pero ella perdió mucha en instantes, por el tipo de lesión que se hizo, por tanto, debía recibir la atención médica correspondiente para su valoración.

Así lo hicieron, se aplicaron los métodos indicados, se valoró si habría necesidad de realizar alguna transfusión sanguínea. Por fortuna, no fue necesario. Sin embargo, Alison se quedaría hospitalizada, en observación, principalmente, para una interconsulta en el área de psicología en donde sería remitida, al día siguiente.

El doctor Martínez, atendió a Alison. Por las condiciones en las que iba Gilberto, no entró con ella, sólo Anya pudo ingresar con su hija.

Albert, esperó con su padre en la camioneta.

En el interior del hospital, en el área de urgencias, el médico cuestionaba a Alison, mientras revisaba la muñeca de la joven:

_ ¿Por qué lo hiciste pequeña? Dijo el doctor.

Alison con lágrimas en los ojos contestó:
_ Es que me quería morir doctor. Pero me dio miedo en cuanto vi la sangre y grité.

El doctor le dijo:

_ Pero hay una razón ¿no?

Ella le contestó:

_ Pues sí doctor. Mi papá desde hace tiempo ha llegado a pelear a casa. Agrede a mi mamá. A mí me dijo muchas cosas el día de hoy. Me empujó y me caí. Me dijo que defiendo a mi mamá, pero trato de no meterme entre ellos.

La joven y el médico establecieron una charla en la que hubo cuestionamientos relacionados a su salud, llenó su ficha médica.

En ella se expusieron sus datos personales, edad, antecedentes familiares, enfermedades padecidas, y otros cuestionamientos propios para referencias médicas.

El doctor, llamó a Anya, para indicarle que la joven se quedaría en observación durante toda la noche y al día siguiente, tendría la interconsulta con la psicóloga del hospital.

Una enfermera se llevó a Alison a una camilla, la acomodó y le colocó suero, al tiempo que le daba un analgésico, pues la herida que se causó no fue tan profunda, pero le hizo perder gran cantidad de sangre en unos instantes, además de ser un tanto dolorosa.

El doctor platicó con Anya diciéndole:

_ Señora, lo que la joven realizó es una autolisis. Quiso quitarse la vida, pero la herida no es tan profunda. Me platicó sobre su situación matrimonial. Así que el día de mañana tendrá una interconsulta para su valoración psicológica. Después de eso, podrá llevársela a casa. Ahora mismo, ya le están administrando un analgésico, ella se queda aquí, la tendremos en observación, y el día de mañana una vez que se realice lo que ya le indiqué, podrá irse a su hogar.

Anya escuchaba al médico, estaba nerviosa, pero al mismo tiempo, agradecía a Dios por la vida de su hija.

Una vez que platicó con el doctor y dándole los pormenores de la situación, el galeno, completó la ficha médica, con los datos que le hacían falta. Le explicó a Anya que, en ese caso, el Ministerio Público no intervendría, pero era necesario que se atendiera a la joven, con la interconsulta.

Mientras tanto, afuera, Albert, hacía llamadas telefónicas a sus primos y a sus tías, para informarles de lo sucedido.

Cada uno, emitía sus preguntas en relación a la salud de la adolescente. Su preocupación era evidente.

Las hermanas de Anya, eran muy religiosas, por tanto, oraron por la salud de su sobrina, cada una desde sus hogares, ya que Albert, les había dicho que no fueran al hospital, pues no era necesario, el peligro ya había pasado.

Los primos de Alison y Albert, también habían estado preguntando por Alison. Ellos se trasladaron hasta el hospital, Eitan, Joan, Erick y Andrés, acompañaron a Albert.

Gilberto se había quedado dormido en la camioneta, estaba tan borracho, que una vez que llegaron allá lo único que hizo fue dormir.

Los jóvenes acompañaron a Albert durante la noche. Erick y Andrés, fueron al Oxxo, por café para todos.

Pasó la noche y al día siguiente, salió Anya del hospital, les comentó que Alison había pasado bien la noche y que todo estaba bien. Sólo que no saldría hasta que la valoraran en psicología.

Los jóvenes se despidieron de Albert y de Anya y enseguida se retiraron.

Anya le pidió a Albert que la llevara a casa, para bañarse, Alison ya iba a almorzar cuando ella salió de ahí.

A las 12 del día, tenía que estar nuevamente en el hospital para obtener informes para la interconsulta de la joven.

Anya y su familia se trasladaron a su hogar, almorzaron y enseguida, ella se fue a bañar, para poder regresar al hospital. Mientras tanto, Gilberto, había despertado en la camioneta. Reaccionó ante la situación que habían vivido y lloró delante de su hijo y su mujer.

Les pidió perdón. Sabía que su hija había atentado contra sí misma por él, pero no lo había analizado. Ahora, los problemas estaban ahí. Su hija hospitalizada y él, con su culpa, le hacía reflexionar en torno a lo que estaba haciendo. Estaba echando a perder su matrimonio y tenía que hacer algo.

La vergüenza que estaba pasando era evidente. No tenía cara para ver a Albert ni a su esposa. Pero tenía que pedir perdón por lo que había hecho el día anterior.

El matrimonio acordó en ir juntos al hospital, así que Gilberto, entró a ducharse.

Ambos salieron en dirección al nosocomio. Anya ingresó para recibir los informes, la joven debía ingresar a consulta, por la tarde, ya que la psicóloga de turno no estaba y no regresaría hasta en dos días, por lo que la programaron para que estuviera con la de la tarde, así que la cita se había agendado para las 4:00 de la tarde. Mientras tanto, Alison tendría que estar ahí, en el hospital.

Transcurrió el tiempo, y Anya y Gilberto, se encaminaron a la cafetería del hospital, en donde estuvieron esperando. Anya pidió un café cappuccino de vainilla, mismo que disfrutaba enormemente. Se mostraba preocupada, pero al mismo tiempo, agradecida con Dios. Estaba ahí, sentada, en esa cafetería del hospital, con su marido, su agresor. Ese hombre al que había amado profundamente y que ahora, ya no sabía qué sentía por él.

No sabía si era dependencia, agradecimiento o costumbre. Tenía que reflexionar acerca de su situación y tomar una decisión definitiva. Ella no aceptaría más ofensas, ni minimizaciones, nada de violencia, ni física, ni verbal, y mucho menos psicológica. Lo sucedido, era el *iceberg* de su vida, había llegado al límite. Y así se lo hizo saber a su marido, así que armándose de valor le dijo, mientras él tomaba un café negro, sin azúcar.

Ahí, sentados en ese lugar, en espera de poder ver a su hija, expuso a su marido:

_ ¿Sabes qué? Estoy al límite, ya no aguanto más. Espero y esto te haga entender que has abusado. Sé que tengo culpas, pero esto ha ido demasiado lejos. La niña no tiene la culpa de nada. Ni ella ni Albert tienen por qué sufrir con tus agresiones. ¡Ya no más! O te calmas, o tendré que buscar la manera de que lo hagas. Y no habrá una segunda oportunidad. No estamos en un lugar para hablar sobre esto, pero ya lo sabes.

Gilberto escuchaba a su mujer, al tiempo que le decía.

_ ¡Perdóname! No sé qué me ha pasado. Intentaré tener un mejor comportamiento. Haré lo posible por hacerlos felices.

La pareja estuvo ahí largo rato platicando.

Cada uno reconociendo sus debilidades y sus fortalezas.

Así estuvieron hasta que el tiempo de pasar por Alison llegó, y fue Anya quien acompañó a la joven para recibir la interconsulta.

Dentro, la psicóloga, de una manera muy agradable, les daba la bienvenida.

Ella tenía la ficha médica, realizada por el médico que recibió a Alison, por lo que sabía sobre la situación. Así que la entrevista con Alison y su madre, fue para cuestionar sobre las razones que llevaron a la joven a iniciarse en el *cutting*.

La psicóloga, explicó situaciones importantes sobre la autolesión, por lo que Alison le iba confiando lo que había hecho, el tiempo que tenía practicando el *cutting*, y diversas situaciones que había vivido hasta ese momento. La joven le habló sobre el *bullying* que vivió en la primaria, y que, hasta ese momento, Anya, supo de ello, y de lo que había realizado la maestra Pili, con su hija en sexto grado. A la madre, le impresionó lo que la joven estaba comentando a la psicóloga.

Mencionó que tenía más de 10 meses lesionándose, motivada por Yessica. Y comentó que desde hacía dos años su padre estaba agrediendo de manera verbal y psicológica a su madre.

La entrevista se prolongó por espacio de dos horas. La doctora, no tenía más citas que la de Alison, por esa razón, pudieron hablar de muchas cosas que se manejaron como línea para iniciar un tratamiento si así lo decidían.

El tiempo pasó y madre e hija salieron de la interconsulta. Se les veía con esperanza, con ánimo. La doctora les había apoyado mucho.

Antes de irse, a casa, Anya y Alison pasaron con el doctor Martínez, quien había atendido a Alison y ya estaba nuevamente en el hospital para iniciar su turno.

Anya habló con él para decirle que estaban saliendo de la interconsulta, le dio las gracias, y Anya, le preguntó si él conocía a alguien más para consulta psicológica particular, ya que por su trabajo y por el de su marido, sus tiempos, podían chocar para llevar a Alison a la consulta ahí en el centro hospitalario. El médico, le dio el nombre y la dirección de una amiga suya, que tenía su propio consultorio.

Anya agradeció al galeno por sus atenciones. Él ya había dado la orden de alta y había realizado la prescripción médica a seguir, que consistía sólo en el analgésico que ya le había sido administrado.

Salieron del consultorio y madre e hija se dirigieron al estacionamiento para ir con Gilberto que ya las esperaba.

Conoce y defiende tus derechos. Declaración Universal de Derechos Humanos. ONU.

https://www.un.org/es/about-us/universal-declaration-of-human-rights

Defendiendo los Derechos de las Mujeres y de las Niñas. ¿Quieres saber de quién se trata?

https://www.youtube.com/watch?v=HyWIg6D2PPk

A veces la vida

"A veces la vida…
Me tira y me levanto,
Me presta su hombro,
Si me ve llorando…
…Y me empuja cuando mira
Que me quiero morir
Que me siento infeliz
Sin hacerme reclamos,
Me dice que es de humanos,
Dudar para seguir,
Me invita a sonreír y me hace tan feliz…"

Autor e intérprete:

José María Napoleón

CAPÍTULO VI

OPORTUNIDAD DE VIDA Y TERAPIA

Alison pasó la noche en observación y sin mayores complicaciones. La pérdida de sangre, a pesar de que se veía en demasía, no dañó de manera severa sus venas, sin embargo, la impresión del momento, impactó en la joven, en Albert y en sus padres.

Al salir del hospital, la bella chica, lucía sin fuerzas, su recuperación fue rápida, su juventud y la pronta intervención de Albert al ponerle el torniquete, y detener el sangrado, pudo sellar pronto el flujo sanguíneo que se estaba suscitando en la muñeca izquierda de la chica.

El médico que vio a Alison, autorizó una pronta salida del hospital, ella estuvo ahí, sólo para recibir la interconsulta, pero en su bello rostro se dibujaba la culpa y el remordimiento, y otras emociones que en ese instante, no podía describir, ni mencionar delante de sus padres.

Anya y Alison, se dirigieron al lugar donde estaba Gilberto esperándolas. Cuando las vio acercarse, él fue a encontrarlas, tomó del brazo a Alison, mientras su madre, llevaba sus pocas pertenencias, con las que había ingresado al sanatorio aquella tarde en la que, a todos, impactó por la manera en que se presentaron las cosas además del pánico que les hizo vivir.

Se encaminaron al carro aparcado en el estacionamiento del hospital, su padre le abrió la puerta de la camioneta en la que regresarían a casa.

Ella, un tanto débil, subió y se acomodó en la parte trasera, seguida de su madre quien le dijo:

_ Amor mío, sabes que te amo, que todo estará bien, sólo que, por favor, ya no me vuelvas a espantar, ¿Ok? Vamos a casa, y hablaremos poco a poco, te ayudaremos a enfrentar esta situación, no estás sola, alma mía.

Anya besó tiernamente a su hija en la frente, y la abrazó con profundo amor, mientras que Gilberto, encendía el motor del transporte en el que se trasladaban a casa, y que estaba a sólo veinte minutos de ese lugar.

El padre de Alison, mientras se abrochaba el cinturón de seguridad de su asiento y emprendían la marcha, sólo dijo con voz quebrada:

_ ¡Vamos a casa. Todo estará bien!

Durante el trayecto, Alison observaba el paisaje, los autos y los árboles de la carretera, veía a la gente que iba caminando o en bicicleta, cada uno en sus pensamientos, con sus problemas y alguno que otro automovilista, viajando en familia.

Los semáforos, hacían que el traslado, se sintiera más largo. Durante el recorrido, Gilberto, sólo atinó a decir mientras esperaban el semáforo que se había puesto en rojo:

_ Alison, ¿quieres alguna canción en especial hija?

La chica, con mirada triste, vio a su padre por el espejo diciéndole:

_ No, ¡pon la que tú quieras!

_ ¿Estás segura cariño? _ Dijo el padre.

_ Sí papá, no hay problema, lo que quieras.

A su padre le gusta la música regional mexicana, por lo que, en ese momento, puso una canción que se dejó escuchar mientras avanzaban a su hogar.

Las lágrimas empezaron a brotar de los ojos de Alison. Su padre se percató de esto y le dijo:

_ ¡Nena, perdóname por favor! Sé que hice mal, pero vamos a estar bien, tú también lo estarás, entre todos trabajaremos para que nada te pase. Sabes que tú y tu hermano son lo más importante para mí, y siempre será así.

Su padre continuó hablando, mientras ella lo escuchaba atentamente:

_ Doy gracias a Dios porque estás viva y eso es lo más importante, ¿Ok? Tu hermano está en casa esperándote, estaremos juntos y vamos a salir de esto, te lo prometo mi niña. Yo haré lo posible por evitar tomar. Ya no quiero lastimarlos más. ¡Perdónenme por favor!

Alison miró a su padre sonriendo ligeramente, con su mirada triste, y recargando su cabeza sobre el cristal del carro, mientras se dejaba escuchar la voz de los cantantes con esa bella canción, nada es coincidencia en la vida y sin pensarlo, fue puesta por el padre de la chica. Una canción que a los tres viajeros hizo derramar lágrimas de amor, de agradecimiento, y de una gran cantidad de emociones y sentimientos encontrados, pero lo más importante, es que Alison estaba ahí con ellos, ¡VIVA!

Mientras tanto, en casa, Albert, las hermanas de su madre, y los hijos de éstas, preparaban la recepción de la joven, organizando una pequeña fiesta para el festejo de la salud y la vida.

Los esposos de Ruth y Judith, no estarían con ellos en familia, por trabajo. Estaban fuera de la República Mexicana.

La casa de Alison, estaba adornada con globos morados y blancos, y un letrero al fondo de la sala, pegado en una de las paredes, que decía:

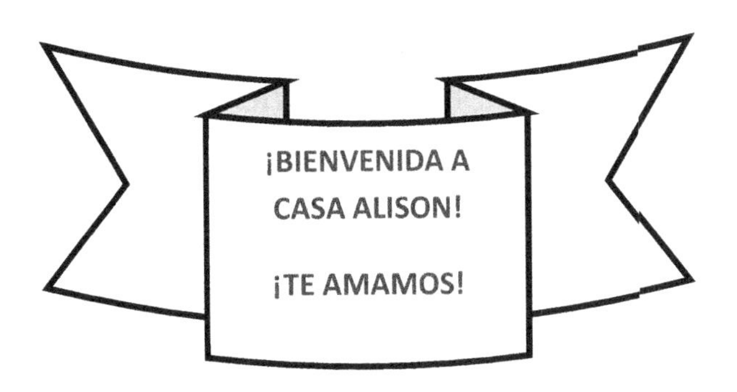

Destacaban las hermosas plantas de sombra que a la madre de Alison le gustaba cuidar, eran unas enormes palmas que hacían de esa atmósfera familiar, algo único, que rayaba entre la felicidad y la tristeza, había sentimientos encontrados en cada uno de los miembros de la familia.

Su tía Ruth, había organizado con Albert y el resto de los miembros de la familia, la bienvenida de la joven, una bienvenida a la vida, y al amor, que se manifestaba justamente, en esa pequeña reunión, para hacer que Alison se sintiera amada y apoyada.

No había juicios, no había reclamos, sólo el inmenso amor que todos le profesaban, ella era la única mujer entre todos los primos, era la consentida, cada uno de ellos la adoraba a su manera.

En ese ambiente, destacaban los muebles de la sala, eran bellos sillones color marfil, en los que todos los asistentes, se encontraban, y engalanando esos momentos hermosos, se dejaba escuchar música versátil, alegrando los corazones de quienes estaban ahí reunidos.

Albert se dirigió a su hermana diciéndole:

_ Bienvenida Aly, gracias a Dios que ya estás aquí con nosotros. Te amo hermanita, ¿sabes? Tomé tu teléfono y le avisé a tu amigo Leonardo sobre lo que hiciste. Ha estado preguntando por ti, le di mi número de teléfono. No te vayas a enojar ehh. _ Al tiempo en que le daba un cálido abrazo, mismo que respondió la joven llorando:

_ Y yo más a ti, hermanito, sabes que te adoro. Gracias, ¡qué pena! _ Dijo la chica, sonrojada.

Los dos hermanos lloraron entregados en ese abrazo que fortalecía sus lazos de sangre, que fortificaba su gran amor y sobre todo, él afianzaba en mayor medida la confianza que siempre se habían tenido, pero que en algún momento, dadas las actividades de cada uno, perdieron por la falta de comunicación, de tiempo o por falta de interés por parte de los dos. Situación que no permitió que Albert pudiera detectar rápidamente la problemática de su hermana, pero esto, quedaría atrás.

El amor entre ellos era más fuerte que cualquier otra cosa, y él sería el pilar de ella, juntos en las buenas y en las malas.

Ruth, era la más chica de las hermanas de Anya, con su carácter alegre, sólo dijo:

_ Bienvenida Alison, te amamos hijitaaaa, gracias a Dios, ya en tu casa. Una porra a Alison, una, dos, tres:

_ ¿Estamos todos tristes?

_ ¡Nooo, noooo!

_ ¿Estamos muy contentos?

_ Sí, sí, síiiii y…

Todos corearon la porra alegremente y uno a uno saludó a Alison, abrazándola cuidadosamente, con el profundo amor y cariño que le tenían.

Mientras tanto, en la cocina, la tía Judith, estaba terminando de preparar la ensalada que sería la entrada, para la cena y que gustaba mucho a Alison, era a base de trocitos de hojas de lechuga, espinacas, trozos de piña, duraznos en almíbar, uvas, jícama, nueces y arándanos, con aceite de oliva y limón, como aderezo, y que le daba un toque especial. Alison preparaba esa ensalada con frecuencia, las ensaladas, son sus preferidas para el cuidado de su figura, pero ésta era su favorita.

Ahí reunidos, degustarían de la deliciosa comida que entre todos prepararon para esa recepción tan especial. Habían hecho algo ligero, pero nutritivo, el manjar consistía además de la ensalada, de unas entomatadas de lechuga en salsa verde, con pollo deshebrado, queso panela y cilantro, con rodajas de cebolla morada, un té verde natural, de las hierbas que a la madre de Alison le gustaba cultivar y que cuidaba con mucho esmero, por lo que se podía percibir el delicioso aroma, y como postre, Albert y sus primos, habían decidido hacer bolitas de melón con yogurt griego natural, ya que no sabían si Alison tenía alguna dieta en especial.

Las tías Ruth y Judith, llamaron a todos al comedor, ahí, la mesa estaba lista, la cena estaba servida, todos se ubicaron en la enorme mesa de madera, haciendo juego con las sillas color chocolate y el color marfil del tapiz que las cubrían. Del techo colgaba un candelabro lleno de luces que engalanaba el lugar, y ahí, ya estaba la familia completa, incluido el abuelo paterno, que había sido llamado para ser partícipe de la reunión y que estaba durmiendo una siesta, mientras llegaba la joven y, al bajar de la habitación que le asignaron para descansar, había saludado a su nieta abrazándola y dándole un beso en la frente, comentó:

_ Gracias a Dios que ya regresaste hija. Bienvenida.

La chica le contestó:

_ ¡Gracias abuelito! Sí, ya estoy aquí.

Todos se acomodaron en las sillas. Gilberto, tomó la palabra para dirigirse a ellos diciendo:

_ Quiero agradecer a todos, por sus oraciones, por la vida de mi hija. Alison es muy importante para mí, para su mamá, para Albert, para todos ustedes. Es la luz de mis ojos y también de su madre y de su hermano.

Gilberto continuó:

_ Sé que ustedes la quieren mucho y se los agradezco desde lo más profundo de mi corazón. Reconozco este gesto que han tenido para con ella y para con nosotros, porque al hacerlo con ella, todos estamos implícitos. Han sido momentos de angustia, hoy quiero dar gracias a Dios por la vida de mi niña. Quiero pedir perdón a Dios, por mis actitudes, a Anya, mi esposa, y a mis hijos. Esto ha venido a hacer que yo reflexione, deseo cambiar. Haré de mi hogar, algo distinto, se los prometo. Quiero pedirles que bendigamos los alimentos y hagamos una oración al Señor, por estos momentos de alegría que Dios nos está regalando.

Tomados de la mano y en oración, juntos bendijeron los alimentos y rezaron el Padre Nuestro, que salía de los labios de cada uno desde lo más profundo de su corazón.

Después de la oración, degustaron la cena, y entre el diálogo y las risas pasó el tiempo, habían estado ahí más de tres horas, poco a poco, empezaron a retirarse, eran pasadas las 9:30 de la noche, Alison y su familia, llegaron a casa a las 6:00 de la tarde. Se despidieron de la familia, para dejarlos descansar.

Eitan, el mayor de los primos, se dirigió a Alison, y le dijo:

_ Véngase mi chaparra, la quiero abrazar.

Eitan la abrazó tiernamente y le dio un beso en la mejilla, entre ellos había una unidad muy especial, había complicidad en muchas de las cosas que hacían en familia, en las reuniones, ambos eran muy divertidos, además de que, en las fiestas familiares, bailaban cualquier ritmo de música, desde cumbias, *rock*, rancheras, banda, lo que fuera, ya que, a ella, le encantaba el baile.

Eitan expresó:

_ Cualquier cosa que necesites, sabes que puedes contar conmigo mi princesa. Te quiero mucho, así que estamos contigo. ¡Vengan todos!

Dijo llamando al resto de jóvenes que ahí estaban, entre Albert, Joan, Erick y Andrés (hermano de Eitan) la abrazaron tiernamente y prometieron cuidar de ella siempre, porque invariablemente se habían visto como hermanos, más que como primos. Sus madres les habían inculcado un profundo amor, por tanto, no les era difícil manifestar ese inmenso cariño que se tenían, y que por consiguiente, la noticia de la situación de Alison les había impactado enormemente, y preocupados, cada uno, hizo lo propio para estar en oración con sus amistades, y familia. Así permanecieron todos, abrazados cuidando de no hacer daño a la bella chica.

Joan, hermano de Erick, dijo:

_ Alison, descansa primita, te amo, lo sabes, mañana será otro día. Te dejamos, para que duermas bonito.

Se soltaron para dar paso a la despedida, y dejar que la familia tuviera reposo.

Andrés, también se despidió de Alison diciendo:

_ Mi pequeña, no más sustos, ¿Ok? Te quiero mucho. Descansa. Nos vemos mañana.

Al mismo tiempo que le daba un tierno beso en la frente a su amada prima.

Por su parte, Erick, fue el último de los primos que se despidió de ella y al hacerlo, con lágrimas en los ojos le dijo:

_ Me has dado el susto más grande de mi vida, pero doy gracias a Dios de poder abrazarte, de saberte viva y con nosotros, mi muchachita hermosa. Sabes que te adoro. Siempre cuenta conmigo ¿Ok?

Alison se abrazó a Erick, y con lágrimas en los ojos le dijo:

_ Y yo a ti, a ustedes, ¡los quiero mucho! ¡los amooooo! Todo estará bien, se los prometo. Haré todo lo posible por estar bien, estaré tranquila, me cuidaré. Pasado mañana, iré a mi primera consulta con la psicóloga. Mamá, ya sacó la cita, es una doctora que nos recomendaron en el hospital. No se preocupen. Estaré bien. Todos estaremos bien, se los prometo.

Al día siguiente, los padres de la joven asistieron a la cita que ya habían agendado con la doctora, que coincidentemente, era amiga de la madre de Leonardo, amigo de Alison, y también fue recomendada por el médico que atendió a la joven.

Se trataba de Mónica la psicóloga clínica, quien ya les estaba esperando.

Al llegar con ella, les saludó afectuosamente, invitándolos a sentarse e iniciando la conversación apuntó:

_ ¿Qué tal? ¡mucho gusto! Soy Mónica, psicóloga clínica. Bienvenidos. Platíquenme ¿en qué puedo apoyarles?

Gilberto contestó:

_ Buenas tardes doctora, soy Gilberto Escalante, padre de Alison.

_ Mucho gusto Gilberto.

Expresó la psicóloga. Enseguida, Anya se presentó con ella diciendo:

_ Soy Anya Narváez, madre de la niña, doctora.

_ ¡Mucho gusto! ¡Bienvenidos! _ Expresó la doctora, al momento en que mencionaba:

_ Díganme, ¿qué ocurrió?

Al sacar la cita, a Anya le había indicado la recepcionista, que en esa ocasión, sólo necesitaban de la presencia de los padres para recabar información que le permitiera a la doctora, armar el expediente clínico y conocer el contexto de la situación, para establecer las líneas de atención en función de las necesidades.

Anya explicó a la doctora lo sucedido a Alyson, para darle a conocer la razón por la que estaban ahí, detalló lo acaecido. No omitió comentar que Gilberto había estado muy agresivo con ella desde hacía dos años, con celos completamente sin fundamento alguno.

Le explicó que ella trabajaba vendiendo cosméticos y como tal, debía andar siempre bien arreglada. Ella era líder de muchas mujeres y en la empresa, siempre les han enseñado a ejercer su liderazgo con ahínco, con amor a lo que hacen, gozando de cada logro, ayudando a las mujeres para posicionarse como líderes en cualquier campo, mujeres empoderadas.

Pero el entorno, muchas veces, no permite que eso que se aprende, sea efectivo al cien por ciento, ya que si no se tienen los mismos intereses, o metas, no se logra lo planeado.

Anya comentó a la psicóloga que las agresiones verbales de su marido hacia ella, eran en su mayoría, cuando él tomaba, después de ir al beisbol o con algún compañero de trabajo, porque en las reuniones familiares, muchas veces, no quería tomar nada.

Dijo con detalle todo lo ocurrido esa noche, la forma en que llegó su marido, agrediéndola, y la manera en que empujó a Alison.

La doctora les solicitó datos sobre ellos: nombre, ocupación, edad, números telefónicos y otros datos generales.

Por otra parte, para los expedientes de los tres, también solicitó información importante, en relación a los antecedentes, enfermedades padecidas, sobrepeso, obesidad, infecciones, alergias, enfermedades del corazón, anemia, hepatitis, amigdalitis.

También preguntó sobre la situación de embarazo, desarrollo y niñez de la niña. Anya mencionó lo que Alison siempre supo: que no quería estar embarazada por temor a que se volviera a presentar la preeclampsia que había vivido con Albert. No omitió detalle alguno. Por lo demás, la infancia de la niña fue normal, era muy feliz, sólo que, al entrar a la primaria, sufrió de *bullying*. Y esta es una situación que Anya desconoció por muchos años, hasta el día que tuvo la interconsulta en el hospital, supo de este problema.

La niña jamás le contó nada. Y fue hasta sexto grado en que Miss Pili, se percató de la situación y apoyó lo más que pudo a Alison. Era una niña muy feliz, así se mostraba, nunca manifestó algún detalle que alertara a su madre, sobre el *bullying* del que fue objeto por parte de sus compañeros.

La psicóloga cuestionó a ambos padres sobre su situación familiar.

Fue Gilberto quien relató sus actitudes hacia su esposa, y hacia sus hijos. Anterior a esto, era una familia feliz, él lo reconoció como tal. Pero tampoco sabía realmente por qué al consumir cualquier bebida alcohólica perdía el control y agredía a su esposa de forma tal que ni él mismo podía controlarse.

Por su parte, Anya manifestó que siempre se mantenía callada, escuchando a su esposo y llorando a solas para no pelear, eso era algo que le disgustaba, pero había tenido que sacar valor y defenderse, sólo así había logrado que se calmara un poco, pero a veces, resultaba contraproducente, ya que, en las últimas ocasiones, él se manifestó más agresivo, incluso con ambos hijos.

Anya manifestó que su hijo Albert, se llevaba muy bien con Alison, entre ellos había camaradería, pero se había perdido la comunicación de un tiempo hacia acá, porque cada uno se dedicaba a sus actividades escolares y lo hacían desde sus habitaciones. Así que sólo para la comida, o la cena, podían estar juntos. En otros momentos, lo hacían, pero con todos.

La psicóloga, solicitó información sobre Alison en cuanto al área escolar y en esta parte, la madre comentó que la chica, había tenido un preescolar agradable, sin complicaciones. En la primaria, había sufrido *bullying* pero no se lo comentó a ella como madre, sino que hasta hace poco tiempo lo supo, cuando en la clínica se cuestionó a Alison.

En la secundaria, no hubo mayores complicaciones. Pero ahora, en la preparatoria, una compañera influyó en ella. Yessica logró hacer que Alison se causara lesiones.

La situación de la compañera de su hija era muy complicada, hija de madre drogadicta y de un padre dedicado al trabajo, sin poder estar con ella atendiéndola o apoyándola, más que solo en el poco tiempo que disponía al llegar a casa, cansado, y lo único que quería hacer era llegar a comer algo y dormir para irse al día siguiente y continuar con sus labores.

Alison cayó por la influencia de su compañera, no tuvo la capacidad de decir que no. El entorno familiar, fue la mayor razón para que la joven se iniciara en esto. Pero ahora, ya estaban ahí y la doctora, haría su trabajo, desde la participación de todos.

Por otra parte, en el aspecto de la salud, Alison era muy sana. Alergias denegadas, sin complicaciones ni enfermedades crónicas, y sin alteraciones de ningún tipo.

La joven era muy social, alegre, no era cohibida, hacía amistades fácilmente, no tenía tantos amigos, pero rápidamente podía establecer comunicación con los demás. Había colaborado en varias actividades en la iglesia, conviviendo con el grupo de jóvenes.

En la escuela, tenía buena aceptación, una chica dedicada a sus estudios. Aparentemente sin complicaciones.

Con sus primos, se llevaba muy bien, era la consentida, todos la querían mucho.

Se destacaba la pérdida de su abuela, cuando ella tenía tres años, la adoraba, y de pequeña, aparentemente no manifestó dolor ante esa pérdida; más bien, cuando ella veía triste a su mamá, Alison la abrazaba y le decía que no estuviera así, que mamá Lupita, estaba con Papá Dios. Y si la veía llorar, se pondría afligida como ella. Eso enternecía a Anya, y la abrazaba mucho más. La niña y su hermano eran su fortaleza.

El *bullying* que vivió en la primaria, no lo manifestó, pero eran heridas que se denotaron cuando la maestra Pili, se percató de ese suceso y ambas fueron cómplices, ya que miss Pili, ayudó lo más que pudo a Alison para superar esa situación.

Los problemas de *cutting* que ha presentado bajo la influencia de Yessica son los más fuertes en este momento, derivado de la violencia ejercida por el padre de familia.

La madre relató a la psicóloga cada acontecimiento en la vida de su hija, y en la vida familiar.

Después de que Anya comentó a la doctora, cada aspecto que ella le cuestionó, para integrar al expediente. Mónica le preguntó:

_ ¿Cómo se dio cuenta de que Alison se autolesionaba?

Anya le contestó:

_ No sabía de esto doctora, pero me extrañó que de un tiempo hacia acá usara sus chamarras, playeras o sweaters de manga larga, ahora sé que era para cubrir sus lesiones. Como padres no nos damos cuenta que hay alertas y no les prestamos atención, si hubiera tenido cuidado, no habría pasado esto.

He descuidado a mis hijos, me he dedicado a trabajar. Muchas veces, pensamos que las cosas materiales, nos dan todo tipo de bienestar, pero... ¿a costa de qué? En mi caso... abandoné a mi hija, a los dos, y me siento culpable por no haber detectado a tiempo la situación. (Dijo Anya entristecida y casi a punto de llorar).

Pero el hubiera no existe, debo enmendar mi error. Sé que es así. ¿O no doctora?

Cuestionó Anya a la psicóloga.

_ Así es Anya. Usted está dispuesta a reorientar su vida, sus compromisos para con sus hijos, y está bien, pero, también es importante que cada uno reconozca sus propias responsabilidades, hasta dónde es culpable o no de lo que cada uno realiza.

Durante las terapias estaremos trabajando con Alison varios aspectos socioemocionales, que fortaleceremos, como la autoestima; podrá aprender a autorregular sus emociones, y muchas cosas más, para que pueda ejercer una toma de decisiones asertiva. Por lo que veo, es muy lista, podremos sacarla adelante. Pero debo platicar con ella para iniciar la terapia.

Por otra parte, ustedes, tienen una gran responsabilidad y una de las primeras encomiendas que les pediré es que no peleen delante de sus hijos. No buscaremos culpables, sino que nuestro papel ahora, es buscar soluciones a los problemas que tienen como pareja. Entender que, si yo estoy bien, el otro también lo estará. ¿Entendemos esto?

Evitar a toda costa las agresiones, ya vimos que esto, ha llevado a su hija a atentar contra su vida, y como se hayan dado las circunstancias, ahora, es importante mantener la calma, ayudarla, ayudarse como pareja. Es importante que platiquen mucho. ¿Qué quieren para ustedes?, no me lo digan, sólo piénsenlo, dialoguen como pareja.

¿Es bueno seguir juntos?, o ¿es más viable una separación? Deben estar abiertos a cualquier posibilidad que ustedes dispongan. Pero cualquiera que sea la decisión, piensen, no sólo en los hijos, sino en ustedes principalmente, pues como les comentaba, si yo estoy bien, el otro también lo estará.

No pongan a los hijos como pretexto para estar con su pareja. Muchas veces, es mejor dejar ir, para que cada uno sea feliz por su lado, que vivir en un matrimonio, peleando o en la total indiferencia. O peor aún, permanecer ahí para satisfacción de necesidades fisiológicas.

Ser padres va más allá de estar en el hogar. Y pensar que se ha cumplido con el hecho de permanecer ahí sólo por los hijos. No estoy a favor ni en contra del matrimonio de ustedes, pero haremos lo propio, y en la medida que avancemos, encontrarán la solución que crean conveniente, la mejor para los dos y para su familia.

Ser padres es estar con amor y por amor, desde donde te encuentres. Casados o separados, no se deja de ser papá o mamá. Es actuar con responsabilidad atendiendo necesidades, pero también brindando a los hijos amor, seguridad, confianza, y muchos valores más. Independientemente del estado civil de los progenitores.

Pero esto, lo trabajaremos poco a poco. No quiero parecer regañona, no es mi función. Sólo comentarios que surgen derivado de lo que los pacientes me platican y en este caso, pues ustedes, como padres de la chica, y dadas las características de su matrimonio, necesitamos encausar la terapia hacia la solvencia de sus necesidades no satisfechas, canalizaremos la violencia verbal y psicológica, hacia cosas positivas, pero antes, tenemos que ver por qué, cómo y desde cuándo se manifiesta, para poder tratarla.

No tengan miedo de hablar con la verdad, háganlo con calma, sin agresiones, sin peleas, sin molestarse. Abran su corazón. Y cualquiera que sea su decisión, estaremos apoyándoles. De todas maneras, esto no será hoy, ni mañana, sino a medida que avancemos en las terapias de pareja. Con Alison estaré trabajando de manera individual.

En la siguiente sesión, trabajaremos más situaciones. Les espero en 15 días. Mañana me traen a Alison, por favor.

El matrimonio se despidió de la psicóloga, ambos se dirigieron a su casa.

La doctora iniciaría el tratamiento familiar, estaban dispuestos a rescatar su hogar, su familia, ser el apoyo de sus hijos.

Una vez en casa, y dadas las circunstancias que estaban pasando, optaron por cenar. El matrimonio platicó con los chicos sobre algunas cosas que manejaron con la psicóloga.

La noche había llegado, se dispusieron para irse a descansar. Al día siguiente, debían realizar varias actividades y entre ellas, llevar a Alison a su primera sesión de terapia.

Al día siguiente la familia realizó desde temprano una serie de actividades que tenían programadas. Hicieron las compras en el súper, Anya entregó ciertos pedidos de cosméticos, y llegada la hora de la cita, llevó a su hija a terapia.

Gilberto tenía guardia en la Comisaría Municipal.

Alison y su madre llegaron con Mónica, quien ya les estaba esperando para la consulta.

Sólo ingresó la joven, al consultorio.

Mónica le recibió muy agradable y con esa gran sonrisa, que le caracterizaba. La psicóloga es una mujer muy agradable, blanca, cabello a media espalda, con mechas que embellecen y acentúan su cabellera rubia. De cara redondita, ojos amielados y cejas delicadamente delineadas, pestañas largas y muy pobladas. Traía puesto un labial en tono coral que hacía juego con un vestido que acentuaba su figura en ese tono y zapatillas en color nude, que le hacían verse elegante y de gran una personalidad.

Mónica se dirigió a la joven diciéndole:

_ Bienvenida Alison. ¿Cómo estás?

_ Bien, ¡gracias, doctora! Contestó Alison. Bueno, no estoy bien.

Dijo la joven, un tanto insegura.

_ Ya lo sé _ Inquirió la doctora. ¿Sabes?

Deseo tengas la confianza para hablar, que me cuentes qué está pasando contigo.

Sé que tu situación no es fácil, pero también quiero que sepas, que te ayudaré a superar esta etapa que estás viviendo. Ahora bien, dime pequeña:

_ ¿Por qué lo hiciste? ¡Cuéntame! Pero antes de que inicies, te diré que cualquier cosa que me digas, es sumamente profesional, ¿Ok? Así que todo quedará entre nosotras, puedes confiar en mí.

_ Gracias doctora _ dijo la joven. _ Pues todo se deriva desde que mi papá empezó a agredir a mi mamá. Vivíamos bien, pero hace dos años, que él le grita, le echa en cara muchas cosas. Mi mamá fue tolerante, pero ya no, también le ha contestado en algunas ocasiones. A mí no me gusta que él la maltrate y que también lo haga conmigo o con mi hermano Albert.

La joven continuó narrando a la psicóloga lo que ella ha vivido. Le comentó sobre la pérdida de su abuelita, desde que tenía tres años, el *bullying* sufrido en la primaria, y cómo se dejó influenciar por Yessica, su compañera de la preparatoria, quien logró hacer que Alison se iniciara en el *cutting*, y que, de manera tan absurda, en un acto de dolor y tristeza, le llevó a cortarse las venas.

La doctora le dijo, después de que la joven terminó de contarle todo lo que había pasado hasta esos momentos.

_ ¿Y cómo te sientes con lo que hiciste?

La chica contestó:

_ Pues mal, doctora. Me siento culpable, no sé qué me llevó a esto... bueno... me quería morir por lo que hizo mi papá. Me siento con coraje conmigo misma y con mi papá. Sé que no debí hacerlo. Lo reconozco. Pero me dolió mucho que me haya empujado y que haya molestado a mi mamá.

Dijo la joven, mientras que la doctora le externaba:

_ ¿Quisiste llamar la atención?

La adolescente contestó:

_ No doctora, yo me quería morir para no volver a ver a mi papá maltratando a mi mamá.

La doctora inquirió:

_ Y ¿tiene caso que lo hayas intentado? Si hubieras muerto, ¿tu papá dejaría de maltratar a tu mamá? O ¿era para castigarlos?

_ No doctora, creo que lo hice para ya no ver cómo pelean, no me gusta verlos así, eso me duele mucho. No sé si muriéndome mi papá dejaría de provocar conflictos con mi mamá, pero mi intención era ya no ver más esas peleas. Por eso me corté las venas y hoy me siento mal por haberlo hecho. Sé que actúe mal. Lo reconozco _ comentó la adolescente.

_ ¿Quién te incitó a autolesionarte? ¿Solo Yessica o alguien más? Cuestionó la psicóloga.

_ Sólo ella doctora. Mi compañera de la preparatoria me dijo que lo hiciera, ella lo hace desde hace mucho tiempo, desde que un amigo de su madre, abusó sexualmente de Yessi. Su mamá se droga. Pero nadie más me ha incitado a hacerlo.

La psicóloga escuchaba atentamente todo lo que Alison le comentaba.

Durante la sesión, la doctora le preguntó sobre muchas cosas más que consideró relevantes para continuar con la terapia, e iniciar el tratamiento. Le explicó que era importante que pensara que lo que hizo no era lo correcto, y ante esto, ella mencionó:

_ Alison, no puedes arreglar los problemas de tus padres, ellos deben hacer lo propio. Ayer platiqué con ellos. Cada uno reconoce sus errores. Y en este caso, también debes reconocer tu papel dentro de la familia, como persona, como ser individual.

Debes aprender a equilibrar tus emociones, tener la capacidad de autorregularlas y de enfrentar situaciones de manera asertiva, de tal forma que no dañes a otros y mucho menos a ti misma, como lo hiciste.

En este sentido, debes tratar de responder de manera positiva a cualquier problema que vivas, sin manifestar reacciones impulsivas, aprenderás a respirar profundamente, antes de cualquier cosa, si estamos calmados, podemos responder de manera positiva, pero de lo contrario, si estamos enojados, o con estrés, las reacciones son negativas y, nuestros actos son erróneos.

Cometiste un error, es cierto, pero hasta donde sé, nadie te juzga, nadie te ha reclamado nada, entonces, trata de reconocer tu falta, enmendarla. Y ver que tu papel en tu familia es importante, tu madre y tu hermano te aman. Incluso, tu padre a pesar de lo que ha hecho, te adora.

Lo que has hecho, denota una falta de responsabilidad, pero, nadie te está cuestionando esto. Toda tu familia te ama, y es importante que tú valores esto. No puedes seguir maltratándote, es fundamental que te ames, que eleves esa autoestima, que reconozcas en ti, a la mujercita que eres, con tus potencialidades, con tus defectos y virtudes.

Pero ese es trabajo tuyo, es tu compromiso. Por ejemplo, ahora: ¿sirvió de algo que te hayas cortado las venas?, atrajiste la atención de tu familia, pero ¿qué has ganado con eso?, los has preocupado, tal vez tu padre reoriente sus actitudes, y eso es bueno, si es así, debemos reconocer que el dolor enfrentado por él ante esta situación, le hará cambiar, pero de no ser así, vale la pena vivir con dolor siempre? ¿Vale la pena mutilar tu cuerpo? ¿Habrías resuelto algo con eso? Y, sin embargo, estás marcada de los brazos y has sufrido dolor físico. Por fortuna, han sido solo los brazos y no has dañado otras partes de tu cuerpo, pero tus brazos estarán marcados por muchos años, o para siempre. ¿Valen la pena esas cicatrices?

¿Cómo vas a explicarlas en el futuro si tienes familia, a tus hijos? Mira tus brazos... ¿cómo los notas? ¿Te gustan así? Tal vez no. Pero ya está hecho. Ahora, el trabajo es buscar soluciones que nos permitan que estés bien, ok.

Entonces, trata de redireccionar acciones hacia algo que te guste. Me comentaste que el arte te apasiona, disfruta, navega en el internet, lee, dibuja, o toma las fotografías que te agraden, ocupa tu tiempo en algo positivo. Ayuda a tu mamá en las labores de la casa, o ingresa a algún club, vete al gimnasio, a la iglesia, canta, baila, haz algo que te distraiga que te guste, que te haga feliz.

La doctora continuó con la consulta. Se había destinado una hora para esa sesión y, sin embargo, sin darse cuenta, habían transcurrido dos horas.

La joven, salió del consultorio, agradeciéndole a la psicóloga sus atenciones.

Por su parte, Mónica, agendó la siguiente cita, para una semana después. Despidiéndose de la joven y de la madre de Alison que esperaba fuera del consultorio.

Reconoce tus emociones

http://ciencia.unam.mx/contenido/infografia/64/reconoce-tus-emociones

¡Escúchame mamá!

¡Escúchame papá!

¡Soy tu hijo!

¡Soy tu hija!

CAPÍTULO VII

AGRADECIENDO A DIOS

Los padres de Alison acudieron a la segunda consulta con Mónica, dentro de la misma, expusieron todo su sentir. La doctora, condujo una sesión en la que pudieron externar todo aquello que molestaba el uno del otro, en un reconocimiento de sí mismos y como pareja. Establecieron acuerdos y compromisos, para la mejora de su matrimonio.

Gilberto se comprometió a continuar con sus terapias y canalizar sus reacciones violentas, rescatar su matrimonio era una de sus prioridades ahora. Volver a enamorar a su esposa era un trabajo difícil, pero no imposible.

Salieron de la terapia, reconocían que sus problemas habían afectado de gran manera a su hija, a la adolescente alegre, la niña divertida, amorosa e inquieta que en algún momento se perdió. Las actitudes asumidas estaban afectando a su hija en gran medida y eso era un foco alarmante por lo que hizo.

Mónica, la psicóloga que les estaba atendiendo, hizo un gran papel, al establecer con ellos, las líneas a seguir en la terapia y gestionar las emociones del padre de Alison, quien no había sido capaz de autorregularlas y las manifestaba negativamente con todos.

Mónica logró hacer que él, reconociera sus errores.

Gilberto se examinó y observó que estaba actuando como un macho, intolerante, pero que detrás de todo eso, había una historia familiar por falta de amor y cariño que venía arrastrando desde su infancia al haber crecido sólo con su padre, pues su madre falleció desde que él era un niño, en trabajo de parto y por falta de atención médica.

Gilberto, creció con sus hermanos y su padre, un hombre rudo que siempre mantuvo el orden de la casa haciendo de padre y madre, pero que no tuvo manifestaciones de amor y cariño para con sus hijos, ya que, para él, lo más importante era, hacer que los niños crecieran y que no les faltara lo necesario, por lo que, entre el hogar y el trabajo, no había tiempo de manifestaciones de amor y todos, crecieron así.

Gilberto y Anya, salieron del consultorio de Mónica…

Llevaban con la psicóloga, dos citas como pareja, y había que curar las heridas que se habían hecho entre sí. Esas heridas que ya estaban marcadas en el alma y en corazón y que formaban parte de su historia de vida personal y familiar.

Era necesario que se restaurara el matrimonio, empezar de nuevo, reconstruir lo que habían perdido por causa de los celos, como problema central de Gilberto, el hombre rudo, el policía, el hombre que no manifestaba su amor a su mujer y que, por el contrario, lo que había hecho, ya había dañado a su familia y a su hija.

Se reconoció como un hombre, con estereotipos que le obligaban a ser lo que era, no podía doblegar su orgullo, no podía manifestar sus emociones, ni sus sentimientos.

Ante eso, sabía que lo sucedido con su hija, había sido el parte aguas de su vida, tocó fondo, verla en peligro de muerte, le resultó sumamente doloroso.

Pero ahora, tenía la posibilidad de restaurar su hogar, y su esposa, estaba de acuerdo, lo intentarían, pero de no resultar, también estaban conscientes de que la decisión sería definitiva.

Una separación, o un divorcio de común acuerdo, sería la segunda opción.

Pero el tiempo, haría lo propio.

Afuera del consultorio, los autos pasaban uno tras otro. Cruzaron la calle para encaminarse al estacionamiento donde habían dejado aparcada la camioneta de Gilberto. Él tomó del brazo a Anya y le dio un tierno beso en la frente, al tiempo que le dijo:

_ ¿Nos vamos?

Ante lo que ella le contestó:

_ Sí, ¡claro!, ¡vámonos, los niños deben estar esperándonos!

Para Anya, sus hijos seguían siendo niños. Era sábado y alrededor de las 5:00 p.m. La plazoleta del pueblo estaba llenándose de gente que llegaba a pasear al lugar, por un helado, a sentarse en el jardín y disfrutar de la tarde, la multitud sonreía con sus hijos, o con sus parejas, algunos, iban solos, y cerca de ahí, se vislumbraba la catedral de la población, cuyas campanas se dejaban escuchar, convocando a los fieles a misa, al punto que desde lo alto, de la torre, también se dejaba escuchar el sonido del reloj, que entonaba Cielito Lindo, una de las canciones populares de México.

Gilberto se dirigió a Anya peguntándole:

_ ¿Te sientes bien?

Durante la terapia con Mónica, había dejado fluir sus emociones y sentimientos reprimidos por tanto tiempo.

Mónica escudriñó las emociones de Anya y lloró tanto que sintió que ya no le quedaban más lágrimas, hasta esos momentos.

Ella le contestó a Gilberto, esbozando una leve sonrisa:

_ Sí, no te preocupes, ¡gracias! Vamos a casa, los niños nos esperan.

Gilberto le tomó la mano y continuaron su travesía, rumbo al estacionamiento. Ella se dejó conducir como una niña, sintiéndose en esos momentos, indefensa, estaba con la necesidad de fortalecer su estabilidad emocional, tener paz en su hogar, con su marido.

Realmente necesitaba sentirse protegida, amada, valorada, sabía que esto le daría mayor confianza en sí misma y también en sus hijos. Siempre había manifestado seguridad pero, los problemas con su marido, le hacían sentirse insegura, aunque al salir a trabajar, siempre dibujaba una enorme sonrisa, nadie sabía de su problemas, nunca manifestó ante los demás sus dificultades personales, a todos brindaba la mejor de sus sonrisas, aunque por dentro estuviera muriendo de pena y quisiera gritar al mundo su sentir, no podía hacerlo, no debía, nadie podía enterarse de su situación, ni su familia, ni la de su marido, y mucho menos, la sociedad. Ante todos, eran un matrimonio perfecto.

Los problemas eran de la puerta de la casa hacia adentro, ante el mundo, eran una pareja feliz.

Establecer el proceso de sanación emocional, con la terapeuta, era un gran paso para volver a rescatar lo que creía perdido, su matrimonio.

Al mismo tiempo, sentía como si se le hubiera quitado un gran peso de encima.

En la terapia hubo reconocimiento mutuo de los errores, se escucharon el uno al otro, sin interrupciones y esto, les había hecho falta, establecer esos procesos comunicativos asertivos que fortalecieran su relación, lejos de desgastarla, pero en muchos matrimonios, ocurre lo contrario, se pierde la comunicación, la comprensión y la empatía, y hasta el cuidado del otro. La necesidad de ser escuchados, se va perdiendo con el tiempo.

En presencia de la terapeuta, Anya le dijo a Gilberto tantas cosas que tenía guardadas en el corazón, hubo reproches, pero también hubo agradecimiento por todo lo que habían pasado juntos hasta esos momentos, durante los casi 25 años que llevaban de casados, y que estaban próximos a cumplir. Ella reconoció que su trabajo había absorbido su tiempo y que había descuidado la comunicación con sus hijos. Tenía necesidad de enmendar ese gran error, que por poco le cuesta la vida a Alison, la niña de sus ojos, el amor de su vida, y de manera conjunta con Albert, su otro hijo, a quien también amaba intensamente, pero que él, solía ser más expresivo y, por consiguiente, mantenían una comunicación más constante y…

Al llegar al estacionamiento, él le abrió la puerta del transporte, cosa que no había hecho desde hacía mucho tiempo, pues los detalles se fueron perdiendo. Cuando salían, cada uno caminaba por su lado, si tenían que ir por alguna cosa, se hacían acompañar por Albert o Alison, pero como pareja, hacía mucho tiempo que habían perdido esa interacción lo que fue enfriando poco a poco su relación.

Anya subió al auto, se acomodó en el asiento del copiloto, y como era su costumbre, se miró al espejo para verificar su maquillaje mismo que se le había corrido un poco con el llanto, así que sólo se limitó a limpiar delicadamente sus ojos, que tenían un poco de la máscara para pestañas.

Anya sabía que ahora, la decisión tomada en pareja, era definitiva, para la restauración de su matrimonio y con esto, poder ayudar en mayor medida, a la recuperación de su hija.

Era una decisión que ambos habían tomado, para darse una segunda oportunidad.

No había presión de ninguno de los dos, ni siquiera de Alison, pues ella, le había dicho a su madre en reiteradas ocasiones, que prefería verla separada de su padre que sufriendo a su lado.

Ella había pensado mucho en ésta determinación, seguir con él, a pesar de lo vivido, o darle otra oportunidad, pero no sería tan fácil, sin embargo, en su corazón había amor, lo sabía. Eso, no lo podía negar, pero, a pesar de ello, cuando tomó la decisión y lo comentó con Mónica y Gilberto durante la terapia, su decisión fue determinante:

_ ¡Gilberto! _ dijo Anya, rompiendo el silencio, que había en esa atmósfera, en la que solo ellos eran los partícipes, mientras se dirigían a su hogar, y recordando en esos instantes, lo que hacía unos minutos, había mencionado con la terapeuta, y que volvió a mencionar:

_ Intentaré restaurar lo que, hasta ahora, hemos perdido, intentaré ser la esposa y la madre que mis hijos necesitan, seré más atenta, escucharé tus necesidades, haré lo posible por hacerte feliz, pero también, te digo que, si vuelves a incurrir en situaciones de celos, de reproches, de mal trato psicológico o en cualquiera de sus formas, no habrá marcha atrás y entonces, aunque yo te quiera, por mucho amor que yo sienta por ti, cada uno tomará su camino. Porque no aceptaré que me minimices, que me digas lo que se te ocurra cada vez que quieras.

Ya lo hablamos, espero y lo entiendas.

Dijo Anya con voz firme. Ella reconocía que ya no era la misma, se plantaba delante de su marido, con la firmeza que siempre debió manifestar, pero por evitar problemas, se había mantenido callada, y con ello, coartó su propia toma de decisiones.

Hoy, estaba decidida a luchar por su felicidad, si no resultaba, tampoco echaría a perder su vida. Había aprendido a ser valiente, a enfrentarse a los problemas, a luchar por lo que quería, se había demostrado a sí misma que podía ser fuerte, atravesó la muerte de su madre y pudo superarla, a pesar de que era la favorita de mamá Lupita, y la nostalgia la hacía recordarla de manera constante, sobre todo, cuando tenía dificultades con Gilberto, le contaba todo a su madre, como cuando vivía; sabía que desde donde se encontraba, la escuchaba.

Estaba segura que su madre oraba ante Dios, por ella y por toda la familia, eso le daba fuerzas y esperanzas para seguir adelante.

Cuando Alison estuvo en el hospital, Anya mostró mayor fortaleza. Se mantuvo firme en oración por la vida de su hija, por la reconstrucción de su familia, cualquiera que fuera la decisión que se tomara.

Dios estaba en el centro de su vida, y él haría el milagro que necesitaban para poder ser restaurados, ella lo sabía, era una mujer de fe y Dios le había manifestado en todo momento su infinita misericordia, hacia ella y los suyos, a pesar de las circunstancias.

Jesús fue su fortaleza, Cristo había sido quien la había mantenido en pie, ante los problemas presentados en su matrimonio. Y ahora, era tiempo de hacer que todos acudieran a Él, para agradecer por la vida de Alison, por su matrimonio, por la reconstrucción de la familia en general.

Mientras tanto, Gilberto era consciente del daño causado a su esposa, lo externó en la terapia con Mónica.

Le pidió perdón por tanto daño y de manera injustificada.

Durante la terapia, él lloró amargamente, le pidió perdón a su esposa, a quien se había dedicado a lastimar, a no valorarla, a realizarle reclamos de todo, se había dedicado a su trabajo, a buscar el bienestar material, y a estar con los amigos cada sábado o domingo que le tocaba descanso y el juego, esto último no era malo, sino que él se excedía en los tiempos, regresaba tarde a casa y borracho, sólo para llegar a agredir a su mujer. Disfrutaba de estar con sus amistades, pero llegando a casa, la situación cambiaba.

Gilberto reconocía y le dolía haber actuado de esa manera. Sabía que parte de la situación de Alison, había sido por causa suya. Si no hubiera actuado con violencia, las cosas serían distintas. Pero el hubiera, no existe, eso tendría que quedar en el pasado, ahora, era tiempo de reorientar la vida de todos. Y él tendría que trabajar mucho para poder ganarse la confianza, el amor y el cariño de su esposa y de sus hijos.

Él tenía una gran responsabilidad con sus hijos y con su esposa, consigo mismo.

Durante el camino a casa, él le tomó tiernamente el rostro a su esposa, con una ligera caricia, mientras manejaba, diciéndole:

_ ¡Anya, te quiero mucho! ¡Perdóname por tanto daño que te he hecho! Sé que no tengo perdón, pero seré un hombre nuevo, Dios nos ayudará. Sé que lo lograremos y esto que hemos vivido, quedará en el pasado. Deseo ser, si no el mejor esposo, haré lo posible porque tú y mis hijos estén bien.

Y Gilberto continuó diciéndole a su esposa:

_ La doctora, nos ha ayudado mucho. Gracias a Dios que la puso en nuestro camino. Agradezco al doctor Martínez y a la mamá del amigo de Alison que nos hayan contactado con la psicóloga.

Anya contestó:

_ Sí, es una bendición contar con ella. No dejaremos de ir a las terapias. Debemos terminarlas, sobre todo, que la niña no deje de tomarlas todas, ya que es importante que terminemos su rehabilitación. Todos debemos culminarlas. Estaré pendiente para llevarla.

Él le contestó:

_ Sí, no te preocupes. También consideraré llevarla cuando no tenga que estar en el trabajo. La niña y todos terminaremos las terapias.

Ambos habían avanzado en su recorrido a su hogar, habían pasado quince minutos de su salida del consultorio y la tarde caía con los últimos rayos de sol, generando en las nubes una vista espectacular con colores azules y naranjas, anunciando la llegada de la noche, pero se dejaba disfrutar de una vista hermosa, al tiempo que Anya, bajaba la ventanilla de su auto, para respirar el aire al transitar por la carretera, que anunciaba, en los hogares la cercanía de la navidad, a pesar de que eran los primeros días de diciembre, y en las casas, ya se dejaban notar algunas luces navideñas, que engalanaban las fachadas, y que empezaban a embellecer el ambiente generado por la Navidad, que mucho se esperaba en los hogares. Habían pasado veinte minutos y llegaron a casa.

Alison les abrió la puerta en cuanto vio llegar la camioneta de sus padres, al punto que se lanzó a los brazos de su madre diciéndole:

_ Qué bueno que ya llegaron mamita. ¡Te amo!

Anya le respondió:

_ ¡Yo también, mi amor, yo te amo más, lo sabes. Eres mi vida. Mi todo. Tu hermano y tú, son mi razón de vida!

La chica, hablando tiernamente a su madre, le dijo:

_ Mi princesa, ya no te daré más sustos Ok.

Mami, les prometo que haré lo posible por enmendar lo que hice, les pido perdón por el susto que les hice pasar. Albert, perdóname hermanito, te quiero mucho.

Los cuatro se abrazaron. Gilberto pidió perdón a sus hijos, diciéndoles que serían una familia feliz, como lo habían sido antes de todo eso. Retomarían el rumbo y les comentó que su madre y él habían decidido darse una segunda oportunidad, de no resultar, el divorcio sería su opción, no sin antes, intentar rescatar su matrimonio.

La esperanza de la familia era evidente, Alison, deseaba estar bien y continuar con sus terapias, hasta que su psicóloga le diera de alta. Mientras tanto, su amistad con Leonardo, se fortalecía más, él le llamaba por teléfono y el lunes siguiente, ella estaría en la escuela, para seguir con sus clases. Pero… le emocionaba que se llegara ese día…

Mientras tanto, había que hacer mucho para restaurar su vida familiar y en ese caso, todos debían trabajar por ello. Entraron a casa, y se sentaron en la sala.

Albert, puso una canción que, a ellos, como familia les gustaba mucho. Todos la disfrutaron, terminando por cantarla en voz alta y llorando de emoción.

Se abrazaron como familia y juntos disfrutaron de la música.

Había un futuro prometedor para todos.

Dios estaba en el centro de su vida y en Él habían depositado su confianza, y con el apoyo de Mónica las cosas resultarían mejor.

En familia, escucharon un audio de *Youtube*, que sería el inicio de su nueva vida y que, en esos momentos, sanaba en parte sus heridas, y que, por ello, todos estaban dispuestos a lograr la unidad, la confianza, y fortalecer el amor como familia y como matrimonio.

Estaban decididos a luchar por su hogar, por su familia, fundamentados en el amor de Cristo.

La esperanza de una vida nueva se iniciaba, Alison continuaría al pie de la letra con las indicaciones de la psicóloga y el matrimonio, también.

La oración de la familia de Alison te encantará. Te invito a que la veas en el QR.

https://www.youtube.com/watch?v=v1_JcZ5aWfw

Canción que puso Albert y que todos cantaron en familia.

¡¡Descúbrela!!

https://www.youtube.com/watch?v=CMHcWIqGH2g

AGRADECIMIENTOS

A Dios por darme el regalo de la vida.

A mis amores y a toda mi familia (materna y paterna)

A mi mentor Francisco Navarro por motivarme para hacer lo que había iniciado desde hace mucho tiempo y que había quedado inconcluso.

A la psicóloga Mónica Enríquez, por el apoyo brindado para esta novela.

A la doctora Lizzeth Guadarrama por sus valiosas orientaciones.

Al Doctor Isidro González Ballesteros, por su valiosa colaboración.

A mi diseñador, por hacer de este libro, algo más bello.

A mis amigos, compañeros del curso y, a cada uno de los que han participado de manera directa e indirecta para cumplir mi sueño.

A ti porque eres parte importante de esta historia, al convertirte en protagonista de la misma, al ser el narrador o alguno de los personajes, con el que te has identificado, por tu forma de ser o de actuar, o porque la novela te resultó agradable.

Blanca Conrado

Espero tus comentarios y opiniones sobre la novela, en las siguientes redes sociales, para estar en contacto y para que sepas más sobre las(s) temática (s) de la novela.

Instagram: blanca_conrado

https://www.instagram.com/invites/contact/?i=dvwqdkdipg8n&utm_content=3c8jjwb

Twitter

https://twitter.com/BlancaConrado3?t=KKIpHtDEJ3qKqhy0Gafodw&s=09

Facebook

https://www.facebook.com/blanca.conrado.7792

Correo electrónico

blancaconradoescritora537@gmail.com

Página de Facebook

https://www.facebook.com/profile.php?id=1000751
58145428

México, 10 de octubre de 2021

Made in the USA
Middletown, DE
28 December 2022